≫≫≫ *Padre Pio* ≪≪≪

오상의
비오 신부

A PADRE PIO PROFILE by John A. Schug, OFM Cap.
ⓒ Saint Bede's Publications, 1987

Korean translation copyright ⓒ 1997, 2025 Catholic Publishing House

오상의 비오 신부

1997년 2월 18일 교회 인가
1997년 8월 1일 초판 1쇄 펴냄
2007년 9월 17일 개정 초판 1쇄 펴냄
2025년 2월 28일 개정 2판 1쇄 펴냄

지은이 · 존 A. 슈그
펴낸이 · 정순택
펴낸곳 · 가톨릭출판사
편집 겸 인쇄인 · 김대영
편집 · 김지현, 강서윤, 김지영, 박다솜
디자인 · 정진아, 정호진, 강해인, 이경숙
마케팅 · 임찬양, 안효진, 황희진, 노가영

본사 · 서울특별시 중구 중림로 27
등록 · 1958. 1. 16. 제2-314호
전자우편 · edit@catholicbook.kr
전화 · 1544-1886(대표번호)
지로번호 · 3000997

ISBN 978-89-321-1944-1   03230

값 25,000원

이 책의 한국어 출판권은 (재)천주교서울대교구 가톨릭출판사에 있습니다.
저작권법에 의해 보호를 받는 저작물이므로 무단 전재와 무단 복제를 금합니다.

가톨릭의 모든 도서와 성물, 디지털 콘텐츠를 '가톨릭북플러스'에서 만날 수 있습니다.
https://www.catholicbookplus.kr (02)6365-1888(구입 문의)

Padre Pio

오상의
비오 신부

존 A. 슈그 엮음 · 송열섭 옮김

가톨릭출판사

일러두기

- 본문은 인터뷰 대상자들의 주관적인 체험을 바탕으로 재구성한 이야기입니다.
- 본문에 나오는 교황청 기구는 2022년 6월 5일부로 새롭게 개편되었습니다.

　　검사성→신앙교리성→신앙교리부
　　성직자성→성직자부
　　축성생활회와 사도생활단성(수도회성)→축성생활회와 사도생활단부(약칭: 수도회부)
　　시성성→시성부
　　국무성→국무원

옮긴이의 글

　1987년 잡지 〈마리아〉에서 처음 오상五傷의 비오 신부님에 대한 이야기를 단편적으로 접하였을 때 저는 무척 흥분되었습니다. 옛날 성인전에서 읽었던 이야기들을 이 시대에 우리와 함께 사신 분의 삶 안에서 발견한다는 것이 나를 매료시켰고, 그분이 1918년부터 50여 년간이나 오상을 지니고 사셨다는 것 또한 적잖이 감동을 주었습니다.
　그 뒤 1993년 미국에서 우연히 이 책을 접하게 되었습니다. 그렇게 반가울 수가 없었습니다. 처음에는 그저 읽기만 했는데, 혼자 알기에는 아쉬울 정도로 아름다운 이야기들이 많았습니다. 그리하여 저는 이 책을 번역하고 싶다는 소망을 갖게 되었고, 그 소망을 이룰 수 있도록 많은 분이 관심을 가져 주었습니다. 수많은 사람의 마음 안에 주님을 향한 신앙의 불을 지펴 주신 비오 신부님의 열정이 신앙인들에게 큰 감동과 삶의 변화를 가져다주기를 바라는 마음입니다.

이 책은 카푸친회 존 A. 슈그 수사 신부님이 비오 신부님과 아주 가까이에서 생활했던 신부님, 수녀님, 그리고 전문의와 평신도 등 스물아홉 사람의 인터뷰 내용을 엮은 것이며 그분들의 진솔한 이야기들을 담고 있습니다. 이 책을 통하여 신앙의 핵심 주제인 '십자가의 예수님', '미사', '고해성사', '기도', '복되신 동정 마리아' 등의 의미를 깊이 느낄 수 있으리라 믿습니다.

이 시대에 예수 그리스도를 온몸으로 증거하신 분을 소개할 수 있게 해 주신 하느님께 찬미와 감사를 드립니다. 그리고 이 책의 출판을 허락해 주신 교구장님과 가톨릭출판사 사장 신부님께 감사드립니다. 아울러 이 자리를 통하여 그동안 기꺼이 번역을 도와주신 최제영 일투르드 자매님께도 감사드립니다.

송열섭 신부

머리말

카푸친 프란치스코회(이하 '카푸친회')의 비오 신부는 50년 동안 손과 발, 옆구리에 오상(못 박히신 예수님의 다섯 상처)을 지니고 있었다. 1887년 나폴리 부근의 피에트렐치나에서 태어난 그는 이탈리아 남단의 가르가노 산기슭의 산 조반니 로톤도라는 작은 마을에서 수도 생활을 하였다. 그는 1968년 9월 23일에 세상을 떠났는데, 81년 동안 그가 살았던 시기는 '근대' 교회가 제2차 바티칸 공의회 이후의 '현대' 교회로 전환되는 격변의 시간이었다.

이탈리아어 'Padre Pio(파드레 비오)'에서 'Padre'는 가톨릭 사제에게 주어진 존칭으로 '신부'를 뜻한다. 많은 나라에서 그 칭호 '파드레'를 그대로 사용하고 있다. 비오는 그의 주보 성인인 비오 5세 교황의 이름으로, 그가 카푸친 수도회에 들어갈 때 받은 새 주보 성인의 이름이자 그의 수도명이다. 그의 세례명은 프란치스코 포르조네였다.

교황들은 누군가에게 호의를 드러내는 일이 별로 없었는데, 비오 신부에게는 격찬을 아끼지 않았다. 일찍이 1921년에 베네딕토 15세 교황은 비오 신부를 "진정한 하느님의 아들"이라고 불렀다.

또 비오 11세 교황이 비오 신부가 동시에 두 장소에 나타난다는 소문을 조사하라고 했을 때, 그의 자문인 오리오네 신부가 "제가 직접 보았습니다."라고 보고했다. 그러자 교황은 "당신이 그렇다고 하면, 나는 그것을 믿습니다."라고 대답하였다. 훗날 요한 바오로 2세 교황은 오리오네 신부를 복자로 시복하였다.

이탈리아 경찰청 총국장인 줄리오 안토나치와 여러 주교들, 고위급 공군 장교들, 수녀들 그리고 신심 단체 회원들이 비오 12세 교황을 알현한 일이 있다. 그 만남은 비오 신부의 영적 자녀 스무 명을 위한 특별한 기회이기도 했다. 당시 교황의 비서였고 나중에 바오로 6세 교황이 된 몬티니 주교는 크고 또렷한 목소리로 "비오 신부님은 성인이십니다."라고 말했다. 그러자 곁에 있던 다른 주교가 "돌아가신 후에야 성인이지!"라고 재빨리 한마디 던졌다. 비오 12세 교황은 조금 날이 선 듯 주고받는 이들의 말을 듣고는 기품 있게 웃으면서 말하였다.

"비오 신부님은 돌아가시기 전부터 이미 성인이었습니다. 우리 모두 그 사실을 잘 알고 있지요."

바오로 6세 교황은 비오 신부를 "우리 주님의 오상을 뚜렷이 잘 나타내신 분"이라고 평가했다.

비오 신부를 향한 요한 바오로 2세 교황의 열렬한 사랑 또한 유명하다. 1949년, 당시 로마에서 공부하는 학생 사제였던 그는 산 조반니 로톤도를 방문해 비오 신부에게 고해성사를 했고, 크라코프의 대주교이자 추기경으로 있을 때 비오 신부의 묘소를 참배하기 위해 산 조반니 로톤도를 다시 방문했다. 그는 폴란드 주교회의에서 바오로 6세 교황에게 비오 신부의 시성을 청원했다.

비오 신부는 요한 바오로 2세가 훗날 교황으로 선출될 것이라고 예언하였으며, 그가 교황이 된 후에 피를 흘릴 것이라고도 했다. 1981년 5월 13일, 성 베드로 광장에서 마호메트 알리 아자가 교황에게 네 발의 총알을 쏘았을 때, TV 카메라가 비오 신부의 두 번째 예언이 실현되는 장면을 포착하였다.

1983년, 요한 바오로 2세 교황은 성 베드로 광장에 모인 전 세계의 비오 신부 기도 모임 회원 2만 명에게 15분간 연설을 하였다.

그는 자신이 산 조반니 로톤도에 찾아갔던 일을 떠올리며 "나는 주님의 종을 만났습니다. 로마 유학 시절인 1949년에는 그분께 고해성사도 보았습니다. 그리고 추기경이 되어서 다시 그곳을 방문했습니다."라고 말하였다.

같은 날, 사바티니 추기경은 2천 명의 기도 모임 회원들을 위한 미사를 자그마치 3백여 명이나 되는 사제들과 공동 집전하였다. 교황청 기관지 〈로세르바토레 로마노 L'Osservatore Romano〉는 그 대회에 대하여 다음과 같이 보도하였다.

"'끊임없는 기도'가 전 세계 20만 명의 회원들이 있는 '비오 신부 기도 모임'의 정수이면서 목적이다."

1962년, 사바티니 추기경은 요한 바오로 2세가 비오 신부에게 쓴 편지를 소개하며 '한 사람이 기적적으로 치유된 일의 증인이 바로 요한 바오로 2세 교황'이라는 것을 상기시켰다.

교황은 그 편지에서 '마흔 살 된 부인'을 위하여 기도해 달라고 부탁했다. 그 부인은 네 아이의 엄마이며, 이전에 나치 수용소에서 5년을 지냈는데 지금은 암 때문에 목숨이 위태롭다는 사연을 가지고 있었다. 그때 비오 신부는 '고통을 덜어 주는 집' 카사의 원장 안젤로 바티스티에게 "저는 이 부탁을 거절할 수가 없군요."라고 털어놓았다.

열하루가 지나서 요한 바오로 2세 교황(당시 카롤 보이티와 주교)은 비오 신부에게 다음과 같이 편지를 썼다.

"크라코프에 사는 네 딸의 어머니는 완쾌되었습니다. 주님께 감사드립니다. 그리고 존경하는 신부님, 당신께도 감사드립니다."

1920년대부터 보도 매체들이 비오 신부에게 관심을 보였다. 1967년 국제 연합 통신의 통계에 따르면 1년에 150만여 명이 비오 신부를 방문했다고 한다. ABC 뉴스와 BBC의 기록 영화들, 그리고 두 시간짜리 스위스 영화를 보면, 비오 신부가 미사를 집전할 때 그의 '성스러운 흔적'이 분명하게 보인다. 또 다른 영화 '가시와 장미의 오십 년'은 수많은 사람이 관람하였다.

1968년 2월 윌리엄 버클리 주니어가 발간하는 〈내셔널 리뷰*National Review*〉에 '비오 신부 현상'이라는 제목의 2쪽짜리 특집 기사가 실렸다. 그해 9월에 비오 신부가 세상을 떠나자 이 잡지 전면에 부고가 게재되었다. 파레이 클린턴은 비오 신부를 가리켜 "20세기 그리스도교에 있어서 가장 위대한 인물"이라고 평하였다.

나의 친구이며, 베스트셀러 《비오 신부의 실화*Padre Pio: The True Story*》의 작가인 루터파 목사 버나드 루핀은 이렇게 말했다.

"만약 그에 관하여 쓰거나 증언한 것 중 10분의 1이 절반 정도만 사실이라고 하더라도, 비오 신부는 분명히 어마어마하게 큰 영적 능력을 지닌 사람이거나, 신약 성서적 의미에서 '사람을 끄는 힘을 가진' 카리스마적 존재이다."

카리스마적 능력을 가진 성인이나 신비가, 사회운동가들이 있었던 것은 사실이다. 그러나 역사적으로 이렇게 광범위한 능력이 어느 한 사람에게 집약된 경우는 본 적이 없다. 비오 신부 같은 사람은 이전에 없었다. 그러므로 나는 물론, 가톨릭 신자에서 무신론자에 이르기까지 오늘날의 전 세계인은 비오 신부에게서 기품을 느끼고 메시지를 얻는다.

그의 일대기를 글로 전하고자 하더라도, 어느 작가가 비오 신부의 일생을 제대로 훑어볼 수 있을까? 그런 작가는 없을 것이다. 많은 책과 잡지 기사들이 여러 나라의 언어로 출판되어 비오 신부가 어떻게 살았는지 전하고 있다. 하지만 그저 겉만 건드리는 것은 아닐까? 그런 아쉬움을 조금이나마 해소해 주는 책이 있다. 바로, 영어판으로 나와 있는 비오 신부의 《서간집 *Padre Pio's Letters*》이다. 첫 번째 책만 하더라도 1,300쪽이나 되는 이 시리즈는 적어도 예수의 성녀 데레사와 십자가의 성 요한에 필적하는 비오 신부의 신비한 능력의 깊이를 잘 보여 주고 있다.

그것을 제외하고는 지금 여러분이 읽고 있는 이 책이 비오 신부 전기의 실질적 자료가 될 것이다. 이 책은 그를 가까이에서 알고 지낸 사람들, 이를테면 그와 함께 생활한 카푸친회 선배와 동료, 그의 주치의, 농부, 상점의 점원, 그리고 영적 자녀들과 같은 사람들을 만나 인터뷰한 내용을 엮은 것이다. 이 책에서 인터뷰한 사람들은 대부분 비오 신부의 제1의 영적 자녀들이며 그들은 자기 경험을 생생하게 전하고 있다.

나는 알레시오 신부, 요셉 비오 신부 등 산 조반니 로톤도에서 비오 신부와 함께 생활한 카푸친회 사제들의 친절한 도움으로 이들을 인터뷰할 수 있었다. 1971년 내가 처음 산 조반니 로톤도를 방문해서 보낸 두 달뿐만 아니라 그 후에도 그들은 흔쾌히 시간을 내주었고 인터뷰해 주었다. 물론 법적으로 그들의 허가를 받아야 했던 것은 아니지만, 카푸친회 수도자들이 얼마나 진실에 민감한지 나는 잘 알고 있다. 그들은 비오 신부에 대한 거짓된 신화가 생겨나는 것을 원치 않았다. 그래서 나는 이 원고를 먼저 그들에게 보냈다. 그들은 나의 원고를 미리 읽게 된 것을 매우 고마워하였고, 나 역시 그들이 귀한 시간을 다시 내어 준 것이 무척 고마웠다.

독자들도 느끼겠지만 인터뷰 대상자들이 묘사한 이야기들이 마치 연습이라도 한 듯 유사하다. 물론 그들이 미리 만나 연습을 한 일은 분명히 없었다. 또 이 책에 나오는 인터뷰 대상자들의 말투

또한 비슷하다. 그러나 나는 왜 그런지 설명할 수가 없다. 그 인터뷰들은 그야말로 자연스럽게 쏟아낸 그들의 이야기, 그들의 체험이다. 그러니 내 것이 아니다.

이 작업을 하는 동안 한 번도 언어가 문제가 된 적이 없다는 사실 또한 정말 놀랍다. 나는 이탈리아어를 하지 못하지만 대부분의 인터뷰를 이탈리아어로 진행했다. 감사하게도 내게 통역이 필요할 때마다 통역자가 나타났기 때문이다. 통역자가 없어서 인터뷰를 못 하겠다고 생각한 적이 몇 번 있었지만, 그런 경우에는 알레시오 신부가 내가 만나고 싶은 사람들에게 미리 전화해 주었다. 그는 그들에게 내가 원하는 것을 설명하고 인터뷰를 준비했다. 미국에 돌아온 후에는 이탈리아어를 할 줄 아는 내 친구들이 이 테이프를 듣고 통역해 주었다. 통역해 준 이들 중에서 필로메나 콜라수온노에게 특히 큰 신세를 졌다.

이 책에 실은 이야기 중 몇 가지는 이전에 한 번도 알려진 적이 없다. 나와 이야기한 사람들은 비오 신부를 잘 알면서도 기적에 대한 것이나 뭔가 특별한 것에 대해서는 말하기를 조심스러워했고, 때로는 거의 말을 하지 않았다. 그들은 비오 신부의 오상을 비롯한 카리스마적 능력이 그를 성인으로 만든 것이 아니라는 사실을 잘 알았다. 예수님께서는 당신의 성사를 통하여, 또 우리의 기도와 희생이 우리를 성인의 길로 이끈다는 것을 마음에 새긴 듯했다. 그래서 나와 인터뷰한 이들은 자신들이 왜 미사를 더 경건한 마음으로 드리게 되었고 마음을 다해 묵주기도를 드리게 되었는지를 힘주어 말했다. 그것이 바로 '그들의 목자'가 그들에게 전해 준 가르침이었고, 한 사제가 다른 이들에게 말해 주기를 바라는 내용이었다. 그들은 나머지 것들, 비오 신부의 기적들, 동시에 두 장소에 나타나는 일, 사람의 마음을 읽는 일과 같은 현상들에 대해서는 말을 아꼈다. 비오 신부를 통해 드러나야 할 것은 그의 카리스마적인 모습이 아니라 우리를 구원하시는 예수 그리스도의 사랑임을 그들은 누구보다 잘 알기 때문일 것이다.

나는 인터뷰를 소개하는 서문으로 각각의 글을 시작했다. 독자들에게 바라건대, 인터뷰 대상자들이 겪은 일들을 이야기할 때 "이 이야기는 예전에 들은 적이 있는데……." 또는 "이 이야기는 다른 사람의 인터뷰에서 본 내용인데……."라는 말은 하지 않기를 바란다. 그러기보다는 그들의 이야기를 독자적이고 각각 다른 시각에서 본 증언으로 들어 주었으면 한다. 그러면 반복되는 듯한 이야기가 좀 더 큰 의미를 갖게 될 것이다. 나는 이 이야기들을 입증하는 일이 세월이 흐르더라도 잊혀서는 안 된다고 생각한다.

이 책에 비오 신부의 초상화 한 점을 실었다. 이 그림을 그린 안토니오 치코네에게 깊은 감사의 마음을 전한다. 안토니오는 산 조반니 로톤도에서 태어나 피렌체에서 안니고니와 시미에게 교육을 받았다. 유화와 스케치로 비오 신부의 인물과 정신을 잘 포착하는 뛰어난 화가다. 개인적으로 비오 신부를 알고 지냈던 그는 그분을 몹시 사랑하였으며 그분의 삶을 기리고자 비오 신부의 스케치를 나에게 기증하였다.

이 원고를 받아 주신 '베네딕도회 출판사 Saint Bede's Publications'의 수녀들에게 감사를 드린다. 지금 비오 신부가 우리를 지켜보고 있다면, 카푸친회와 베네딕도회의 이 공동 사업에 대하여 미소를 짓고 있을 것이다. 비오 신부가 베네딕도회와 얽힌 일화가 하나 있다. 언젠가 비오 신부가 탈장 수술을 받았을 때 집도의가 마취하려고 하자 그가 완강히 거부했고, 그러면 적어도 베네딕도 브랜디 한 잔은 꼭 마셔야 한다고 의사가 이야기했다. 그러나 비오 신부는 그것도 거절하며 이런 농담을 했다.
"이런, 카푸친회와 베네딕도회가 맞붙어 싸우겠는데!"
물론 베네딕도회 수녀들과 비오 신부 사이에 싸움은 없었고 이 책을 출간하는 나와 수녀들 사이에도 갈등은 없었다.

비오 신부를 만났더라도 고해성사만 보았거나 그의 곁에서 그가 시키는 대로 산 사람들을 나는 비오 신부의 제2의 영적 자녀라고 부른다. 이들과 인터뷰한 내용 또한 의미 있는 자료이지만, 지면 부족으로 이 책에서 뺄 수밖에 없었다는 점을 미리 밝힌다.

이 책을 읽는 독자들이 비오 신부의 끝없는 기도와 고해성사, 감탄할 만한 고행의 삶을 바라보며, 하느님을 향한 신앙의 신비와 기적의 의미를 올바르게 이해할 수 있기를 바란다.

차례

옮긴이의 글 7
머리말 9

PART I
형제들의 증언 · 카푸친회 사제와 수도자들

1. 리노 신부 절망 속에서 찾은 희망의 빛   25
2. 보나벤투라 신부 나폴리에 나타난 비오 신부   29
3. 알베르토 신부 로마에 나타난 비오 신부   31
4. 알레시오 신부 영성 생활을 위한 비오 신부의 가르침   41
5. 요셉 비오 마틴 신부 영혼의 가치를 높이는 일   55
6. 라파엘레 신부 비오 신부를 시기한 사람들   87
7. 클레멘테 신부 우리와 함께한 이 시대 성인   101
8. 아우렐리오 신부 비오 신부의 젊은 시절   112
9. 모데스티노 수사 고통 중에도 유머를   121
10. 마르첼리노 신부 비오 신부의 마음 읽기   125
11. 제라르도 신부 고난의 가치   128
12. 에우세비오 신부 선명하게 기억하는 그분의 오상   130

PART II
이웃들의 증언 · '산 조반니 로톤도'에 사는 사람들

1. 주세페 살라 박사_의사 오상, 그리스도 사랑의 표징 141
2. 마초니 박사와 파보네 박사_의사 의학과 신앙이 조화롭게 어울리는 병원 144
3. 라우리노 코스타_주방장 하느님 은총의 환시 149
4. 조반니 사비노_시각 장애인 다시 세상을 보게 된 기적 157
5. 클레오니체 모르칼디_추종자 묵주기도는 악에 대항하는 갑옷과 투구 163
6. 아우렐리오 몬탈토 부인_호텔 주인 모든 일이 다 잘될 겁니다 176
7. 마르타 겜쉬_추종자 기도 안에 머무르는 삶 184
8. 메리 잉골즈비_번역가 모든 일이 하느님의 뜻입니다 189
9. 피에트루치오_시각 장애인 기도, 구원으로 이르는 길 196
10. 도로시 발스_방랑자 비오 신부는 나의 전부 200

PART III
소중한 인연들의 증언 · 여러 지역으로 스며든 비오 신부의 가르침

1. 스카티냐 부부_팔레르모 두 천사와 함께 나타난 비오 신부 213
2. 마르가리타 해밀턴_로마 영적 자녀들의 수호자 225
3. 안드레 만다토_플레인필드(미국 뉴저지) 화해와 참회로 이끄는 고해성사 253
4. 알폰소 다르테가_로마 우연이 아닌 일들 258
5. 아녜스 스텀프_보게라 기적, 끊임없는 기도의 응답 266
6. 리노 토치 신부_산 마리노 세상을 밝히는 고귀한 성소 275
7. '십자가에 못 박히신 예수의' 비아 수녀_필라델피아(미국 펜실베이니아)
   기도로 길을 찾게 하는 영적 지도자 279

부록_비오 신부의 시성 절차 296

PART I

형제들의 증언
카푸친회 사제와 수도자들

1. 리노 신부
절망 속에서 찾은 희망의 빛

리노 바르바티 신부는 비오 신부의 시복 시성을 위한 부청원자였다. 나는 시성 절차에 관한 질문으로 인터뷰를 시작했다. 그리고 이 책 마지막에 '시성'의 내용을 실었다. 리노 신부는 1980년 9월 30일에 세상을 떠났다. 그가 마지막으로 남긴 "오, 복되신 어머니! 오, 그분은 얼마나 아름다우신가!"라는 말은 카푸친 수도회의 공식 회보에 실려 있다.

리노 신부가 인터뷰에서 이야기한 '고통을 덜어 주는 집'은 비오 신부의 주도로 설립된 병원이다. 이 병원을 '카사Casa'(집)라고 부른다. 이곳이 병원으로 불리는 것을 원치 않았던 비오 신부는 "병원은 고통의 장소입니다. 그러나 카사는 '고통을 덜어 주는 집Casa Sollievo della Sofferenza'이 될 것입니다."라고 말했다. 〈뉴욕 타임즈〉는 카사에 관한 긴 기사를 내고 "세계에서 가장 현대적이고 가장 시설이 좋은 병원일 뿐 아니라 가장 아름다운 병원"이라고 극찬했다.

우리 가족의 은인

1947년, 내 첫 미사를 앞두고 있던 시기였습니다. 첫 미사를 봉헌하려면 집으로 돌아가야 하는데 발걸음이 쉽게 떨어지지 않았어요. 어머니는 암 말기였고, 누이는 폐결핵으로 매우 위중했으며, 형도 앓아누워 있었기 때문이죠. 우리 가족은 모두 환자였습니다. 그래서 나는 비오 신부님께 말씀드렸어요.

"저는 13년 동안 집을 떠나 있었습니다. 그런데 첫 미사를 앞두고 집으로 돌아가려니 마음이 무겁습니다. 집이 아니라 병원으로 가는 것만 같습니다. 정말 괴롭고 슬픕니다."

비오 신부님은 "걱정하지 말고 용기를 내게. 누이는 금방 나을 걸세. 두고 보게나. 누이가 자네 첫 미사를 축하하며 파티를 열어 줄 걸세. 자네 형도 나아서 걸어 다닐 테고. 모든 일이 다 잘될 걸

세. 일이 돌아가는 것을 지켜보게나."라고 말씀하셨습니다.

나는 신부님의 말씀을 듣고 집으로 갔지요. 누이가 내 첫 미사 후에 멋진 파티를 열어 주었습니다. 형은 일어나 걸어 다녔고요. 모든 일이 비오 신부님의 말씀대로 되었습니다. 다 잘됐습니다.

그 후 비오 신부님은 "누이에게 약을 다 버리라고 하게. 그 약은 자네 누이에게 좋지 않아."라고 말씀하셨죠. 누이는 신부님 말씀을 따랐고, 완전히 다 나았습니다.

1959년, 어머니에게서 다른 종양이 발견되었습니다. 나는 어머니가 많이 걱정되어 비오 신부님께 가서 기도해 주시기를 청했지요. 의사는 종양을 제거하기 위해 코발트 치료를 시작했습니다. 어머니는 좋아지고 있었어요. 어느 날 나는 비오 신부님께 가서 "비오 신부님, 코발트 치료가 저희 어머니에게 정말 큰 도움이 된 것 같습니다."라고 말했습니다. 그분은 두 팔을 번쩍 들어 올리면서 "코발트? 코발트라고? 자네 어머니가 낫는 건 다 내 기도 덕분이네!" 하시는 겁니다.

비오 신부님은 우리 가족을 위해 끊임없이 기도해 주셨습니다. 그분의 기도 덕분에 어머니가 나은 거라고 나는 믿습니다.

사라진 오상

그분이 돌아가시기 석 달 전부터 오상五傷에서 피가 멈추었습니다. 돌아가신 후, 아니, 돌아가시기 직전에는 몸에서 사라졌고요. 자코모 신부가 찍은 사진을 보면 알 수 있습니다. 손과 발이 아기 피부처럼 부드러워지더니 상처들이 사라진 겁니다.

성인이 꿈꾼 세상

'고통을 덜어 주는 집' 카사를 새로 열었을 때, 비오 신부님의 업적과 계획들이 병원 회보에 '사업 목록'으로 실렸습니다. 정말 어마어마했어요. 병원, 십자가의 길, 뇌성 마비 어린이들을 위한 병동, 신학교, 수도원, 교육관, 은퇴 사제들을 위한 집, 영적 자녀들과 기도 단체들을 위한 장소와 건물들도 그 목록에 있었습니다. 산 위에 하나의 도시가 생기는 거라고 할 수 있었습니다. 바야흐로 그 도시는 '유럽의 종교와 의료를 연결하는 센터'라 불릴 만했습니다.

비오 신부님은 여러 나라에 있는 기도 모임들이 온 세상에 빛과 사랑의 등대가 되기를 바라셨습니다. 오늘날 우리는 미국, 독일, 영국, 아일랜드, 프랑스, 스위스, 스리랑카, 필리핀 등 세계 각지에서 빛을 발하고 있는 그것을 보고 있습니다.

2. 보나벤투라 신부
나폴리에 나타난 비오 신부

카푸친회 사제로 50년을 보낸 보나벤투라 신부는 나폴리에서 이름난 설교자였다. 내가 인터뷰했을 때 그는 80세였다. 우리는 라틴어로 이야기했다. 그의 정신은 여전히 또렷했고, 비오 신부를 회상할 때 눈에 눈물이 고이기도 했다. 그는 비오 신부가 동시에 두 곳에 나타나는 놀라운 능력을 회상하며 이야기를 전했다. 비오 신부는 수도회를 떠나는 일이 드물었으며, 그의 생애 마지막 50년 동안은 오직 산 조반니 로톤도에만 머물렀다. 그런데도 세계 여러 지역의 많은 사람들이 같은 시간에 그를 보았다.

1956년 어느 날 저녁에 나폴리의 성령 대성당에서 강론을 하고 있었는데 그곳에 비오 신부님이 나타나셨습니다. 나뿐만 아니라 거기 모인 사람들 모두 그분을 보았지요. 사람들은 이 놀라운 일에 흥분했습니다. 카푸친회의 고깔을 머리에 쓴 비오 신부님은 내가 강론하는 동안 대성당 중앙 회중석 바닥에 아무 말 없이 서 계셨습니다. 마치 내 기도를 들으시고 묵상을 하시는 듯했습니다. 모든 사람이 숨죽여 비오 신부님의 모습을 보았습니다.

　나는 비오 신부님의 수도회 원장이신 카르멜로 신부님께 편지를 써서 그 사건을 말씀드렸습니다. 카르멜로 신부님은 내가 헛것을 보았다고 생각하셨습니다. 믿지 않으셨어요. 그런데 어느 날 밤, 비오 신부님 방으로 가서 그 일을 물어보셨다고 합니다.

　"보나벤투라 신부님 말이 맞습니까? 비오 신부님을 대성당에서 보았다는 것 말이에요."

　"네, 맞습니다. 나는 그곳에 있었습니다."

　비오 신부님은 이렇게 그 일을 확인해 주셨습니다.

3. 알베르토 신부
로마에 나타난 비오 신부

알베르토 신부는 산 조반니 로톤도의 소신학교에서 비오 신부를 처음 만났다. 그때 비오 신부는 알베르토 신부의 영적 지도 신부였다. 알베르토 신부가 이야기한 스페란차 총원장 수녀는 스페인 태생으로 오늘날 세계적 수도 공동체인 '하느님 사랑의 딸들 수도회 The Daughters Of Divine Love'의 창립자이다. 많은 사람이 스페란차 수녀가 비오 신부와 텔레파시로 의사소통하는 신비스러운 존재라고 이야기한다.

로마에서 비오 신부를 만난 스페란차 수녀

비오 신부님이 돌아가신 후, 나는 그분을 위한 모임을 시작했고 스페란차 수녀님의 활동을 알아보기 위해서 콜레발렌차로 갔습니다. 자그마한 몸집의 수녀님은 손에 묵주를 들고 계셨습니다. 눈을 내리뜬 채로요. 내가 비오 신부님의 일로 왔다고 말씀드리면서 그분의 시복을 위해 기도해 달라고 하니 수녀님이 차분한 목소리로 답하셨습니다.

"네, 저는 항상 그분의 시복을 위해 기도하고 있습니다."

"비오 신부님을 만난 적이 있습니까?"

"네, 여러 번 만났습니다."

"언제, 어디서 만났습니까?"

"로마에서요."

수녀님의 이야기에 내가 눈을 동그랗게 뜨면서 물었습니다.

"수녀님, 실례지만 비오 신부님은 1917년에 단 한 번 로마에 가셨어요. 수녀원에 들어가는 누이와 함께 말이죠. 그때 외에는 로마에 가신 적이 없습니다. 그 무렵에 수녀님은 스페인에 계시지 않았나요?"

스페란차 수녀님은 "아닙니다, 신부님. 제가 검사성(지금의 교황청 '신앙교리부')에서 조사를 받을 때 그분을 만났습니다."라고 하셨습니다. 수녀님은 그때가 1939년, 아니면 1940년이었다고 말했어요. 그래서 단호하게 답했습니다. "1939년, 아니면 1940년이라고요? 비오 신부님은 그 시기에 로마에 가신 적이 없습니다."

그러자 수녀님이 이야기했습니다.

"일 년 동안 매일 아침 그분을 만났어요. 비오 신부님이 장갑을 끼고 계셨던 게 기억납니다. 그분은 저를 축복하시고 저는 그분 손에 입을 맞추곤 했습니다."

"비오 신부님이 거기 계셨다는 것은 말도 안 됩니다."

"아닙니다. 비오 신부님은 확실히 거기 계셨어요."

"그분이 비오 신부님이라고 확신하세요?"

"물론이지요. 저는 확신합니다."

"수녀님이 하시는 말씀을 믿을 수 없습니다."

"신부님, 제가 거짓말을 할 이유는 없어요. 저는 그분을 위해 기도했고, 그분도 저를 위해서 기도하겠다고 약속하셨습니다."

"수녀님, 만약 그것이 사실이라면 정말 기쁜 일입니다. 앞으로도 비오 신부님을 위해 기도해 주십시오."

"네, 저는 항상 그분을 위해 기도해 왔고, 신부님의 시성을 위해서도 계속 기도할 것입니다."

스페란차 수녀님과 옥신각신 이야기를 주고받으며, 나는 수녀님의 말을 믿을 수 없다고 우겼습니다. 그러나 마음속으로는 매일 아침 비오 신부님을 만났다는 그 말을 받아들였습니다. 그분은 훌륭한 수도자이고 비오 신부님처럼 기도를 많이 하는 분이지요. 이야기를 꾸며 낼 분은 아니라고 생각합니다. 그래서 나는 비오 신부님이 동시에 두 장소에 나타나셨다는 결론을 내렸습니다. 이 이야기는 책에 써도 됩니다. 처음부터 끝까지 모두 사실이고 아름다운 이야기이니까요.

오상, 초자연적 힘의 결정체

내가 어렸을 때 마을 사람들이 이런 말을 하곤 했지요.

"거룩한 사제에게 고해하러 갑시다."

마을 사람 모두가 비오 신부님을 거룩한 사제라고 불렀습니다.

1918년, 그분께 오상이 나타난 뒤에 바를레타 병원의 로마넬리 박사와 페스타 박사가 그분을 방문했습니다. 페스타 박사는 프리메이슨(18세기에 결성한 반가톨릭적 비밀결사로서, 교황청은 1738년에 프리메이슨의 이신론 사상과 의식이 가톨릭 교회 가르침과는 양립할 수 없다고 선언했다) 회원이었는데 나중에 가톨릭으로 개종했지요. 페스타 박사는 상처의 원인을 설명하기 위해 비오 신부님의 오상을 주제로 책을 쓰기도 했습니다. 무신론자였던 비냐미 박사도 비오 신부님을 검진했고요.

의사 세 명 모두 같은 결론을 내렸습니다. '비오 신부님의 오상은 과학으로는 설명할 수 없는 현상이며, 자연적인 원인으로도 설명할 수 없다.' 그들은 비오 신부님의 오상이 히스테리가 만든 상처The stigmata as a result of hysteria일 가능성은 없다고 했습니다.

나는 비오 신부님의 발에 뚫린 상처를 보았습니다. 발을 씻을 때 도와드렸기 때문에 자주 볼 수 있었어요. 손에 입 맞출 때처럼 우리는 딱지가 진 그 상처에 입을 맞추었지요. 그분은 우리가 입을 맞출 수 있게 해 주셨습니다.

비오 신부님이 내 손에 입을 맞춘 일도 있습니다. 첫 번째는 나의 첫 미사를 축하할 때였습니다. 그다음은 내가 화가 많이 났을 때였어요. 어느 날 그분 손에 입을 맞추려고 하는데 갑자기 손을 치우시더니 "그만 가보게." 하시는 겁니다. 너무 섭섭하고 불쾌했어요. 그 순간에는 사람들이 왜 그분을 존경하는지 이해가 되지 않더라고요. 민망해서 얼른 그 자리를 떠나고 싶었어요. 투덜거리며 서둘러 계단을 내려가려고 할 때, 비오 신부님이 갑자기 내 어깨를 잡고 돌려세웠습니다.

"이런, 내가 자네를 화나게 했군. 나는 잠시 다른 생각에 빠져 있었다네."

그러더니 갑자기 내 손을 잡고 입을 맞추려 하시는 겁니다. 내가 얼른 손을 빼며 말했습니다.

"저는 주교가 아닙니다."

그러나 그분은 "내가 자네 손에 입 맞출 수 있게 해 주게. 사제의 손 아닌가?" 하고 우기시는 겁니다. 그러고는 내 손에 입을 맞추셨습니다.

비오 신부의 가르침 중 가장 기억에 남는 내용이 무엇인지 물었다.

언젠가 비오 신부님이 이렇게 말씀하셨습니다.

"모든 일은 결국 순결로 이어집니다. 순결이 전부입니다."

신부님은 성모님과 성체 안의 예수님께도 깊은 신심을 가지고 계셨기 때문에 우리가 죄를 지은 채로 성체를 모시면 무척 괴로워하셨습니다. 때로는 아시시의 성 프란치스코의 생애를 본보기로 들기도 하셨고 성소의 심오함과 위대함도 가르쳐 주셨습니다.

그분은 신학교에 온 우리가 카푸친회 수사가 되기를 원하셨습니다. 그것이 우리가 받은 소명이라고 생각하신 겁니다. 하지만 우리가 어떤 자격에 못 미치면 무척 안타까워하셨어요. 신학교에 우리 동기가 여섯 명 있었는데, 어떤 학생이 그분께 물었습니다.

"우리가 수련 수도자가 될 수 있을까요? 우리 모두 사제품을 받을까요?"

그분은 슬픈 표정으로 대답하셨어요.

"아니, 이 중에 사제는 두 명뿐일세."

그 두 명이 사제가 되어 산 조반니 로톤도에 살고 있습니다. 바로 크리스토페로 신부와 나입니다. 다른 친구들은 떠났어요.

비오 신부를 한 번도 본 적이 없는 사람들이 그분의 성성聖性을 어떻게 생각하는지 물었다.

내 이야기를 들어 보고 결론을 내리십시오. 내가 산세베로에 있을 때, 하루는 마지오 교수와 산 조반니 로톤도에 갔습니다. 마지오 교수 부인은 그가 흔들림 없는 무신론자라고 하더군요. 마지오 교수는 기적이나 사후 세계 같은 것을 믿지 않았습니다.

마침 비오 신부님이 방에서 나오시길래 마지오 교수를 그분께 소개했지요. 그런데 마지오 교수는 비오 신부님을 보더니 몸을 덜덜 떨더라고요. 말도 하지 못하는 겁니다. 나는 "신부님, 이분은 마지오 교수입니다. 산세베로에서 오셨는데, 전쟁 때 다리를 다치셨습니다."라고 말했습니다. 마지오 교수는 여전히 한마디도 못 하고 가만히 있더군요.

"부상은 어디서 당하셨습니까?"

비오 신부님의 질문에 그는 대답하지 못했어요. 나는 너무 놀랐지요. '무슨 일일까? 왜 대답을 안 하는 거지?' 하고 생각했어요. 참다못해 내가 "비오 신부님, 교수님과 가족을 위해 기도해 주십시오. 그리고 특별히 축복해 주세요."라고 했습니다. 비오 신부님은 그 교수에게 축복하시고 또 건강하기를 기원하시고는 다정스레 작별 인사를 하셨습니다.

밖으로 나오자마자 교수에게 물었어요.

"교수님, 왜 한마디도 안 하셨습니까?"

그러자 그는 "알베르토 신부님, 비오 신부님은 인간이 아닙니다."라고 말하는 겁니다. 나는 그게 무슨 뜻이냐고 물었지요. 마지오 교수가 대답했어요.

"비오 신부님은 초자연적 존재이십니다. 이 세상 사람이 아니에요. 나는 그분을 보자마자 심장이 멈추는 듯했어요. 목이 막히더라고요. 몇 마디 말을 하고 싶었는데 아무 말도 나오지 않더군요. 비오 신부님은 천사이십니다!"

많은 사람이 비오 신부님에게서 그와 같은 느낌을 받았습니다. 비오 신부님은 신비의 존재였습니다. 초자연적 존재 말입니다. 그분은 강생하신 그리스도와 같은 분이라고 생각합니다. 인간의 악을 뿌리 뽑기 위해서, 또 인간의 영혼을 그리스도에게로 인도하기 위해서 하느님이 보내신 사도와 같다고 많은 사람이 이야기합니다. 이런 사람들에게 비오 신부님은 이미 성인이지요. 그분을 만난 적 없고 이야기를 들은 적도 없는 사람들에게는 슈그 신부님, 당신이 이야기해 주십시오.

이 인터뷰의 결론으로 알베르토 신부가 카푸친회에서 발행하는 잡지 〈비오 신부의 목소리〉에 쓴 기사를 인용하려 한다. 이 기사는 비오 신부가 동시에 두 장소에 나타난 것을 알베르토 신부가 보고 묘사한 것이다.

1928년 5월의 어느 날 오후, 나는 성당에서 나와 계단을 향해 가고 있었다. 내가 수도원 회당 쪽으로 열려 있는 창문으로 갔을 때, 비오 신부님이 창가에서 밖을 내다보고 계셨는데 그분의 시선은 산에 고정되어 있었다. 그분은 무엇인가에 몰입하고 있는 듯했다. 내가 그분 손에 입을 맞추려고 가까이 갔으나, 그분의 손은 뻣뻣하게 굳어 있었다. 그 순간 나는 그분이 또렷한 목소리로 사죄경을 외우시는 것을 들었다.

"나…… 나는 그대…… 그대의 죄를 사하노니……."

그 목소리에서 그분이 사죄경을 외울 때 쓰는 독특한 억양을 느낄 수 있었다.

나는 곧장 토마스 원장 신부님을 부르러 달려갔다. 그리고 원장 신부님과 내가 다가갔을 때, 비오 신부님은 사죄경의 마지막 부분을 외우고 있었다. 그러고는 깜박 졸다가 깨어난 것처럼 몸을 움찔했다. 그분은 우리 쪽으로 돌아서더니 "자네들 여기 있었군. 자네들이 여기 있는지 몰랐네." 하고 말씀하셨다.

며칠 후 북부 이탈리아의 한 도시에서 수도원으로 전보가 왔다. 죽어 가는 사람에게 비오 신부님을 보내 주신 원장 신부님께 감사를 드린다는 내용이었다. 전보를 받고 우리는 비오 신부님이 사죄경을 외우던 바로 그 순간, 그 사람이 죽었다는 것을 알았다.

4. 알레시오 신부
영성 생활을 위한 비오 신부의 가르침

비오 신부가 누군가와 사진을 찍었다면 십중팔구는 알레시오 신부일 것이다. 비오 신부는 생애 마지막 3년 동안 병으로 거의 몸을 쓰지 못했는데, 알레시오 신부가 그 시간 동안 그분을 가까이에서 보살폈다. 그는 산 조반니 로톤도의 카푸친회 영어 통역을 맡고 있었다. 나는 인터뷰를 시작하면서, 그에게 비오 신부 사후에 산 조반니 로톤도를 방문하는 순례자의 수가 줄어들지 않았느냐고 물었다.

정반대입니다. 여기 오는 사람들의 수는 오히려 늘어나고 있습니다. 그분이 돌아가시기 전에는 자그마하던 호텔들이 그분이 돌아가시고 난 뒤에는 큰 호텔로 바뀌고 있지요. 단 한 가지 다른 것은 비오 신부님이 살아 계실 때는 사람들이 닷새나 열흘, 심지어는 한 달씩 머물곤 했는데, 이제는 겨우 며칠만 머문다는 사실입니다. 순례자의 수는 늘고 있어요. 특히 일요일에는 더 많지요. 지난달에는 만 명쯤 되는 사람들이 이곳을 다녀갔습니다. 작년 5월에는 일요일마다 버스가 50대쯤 왔지요.

하루에도 수십 통의 편지가 전 세계에서 옵니다. 미국, 캐나다, 영국, 아일랜드, 오스트레일리아를 비롯한 스리랑카, 파키스탄, 필리핀, 쿠웨이트, 미얀마, 심지어는 중국에서도 편지가 옵니다. 이탈리아에서 오는 편지가 다른 나라에서 오는 것보다 적습니다.

비오 신부가 하루를 어떻게 보냈는지 물었다.

비오 신부님은 매일 새벽 4시에 미사를 드렸습니다. 돌아가시기 전 얼마간을 빼고는 항상 그랬어요. 우리가 4시 30분이나 5시에 미사를 드리라고 권했으나 신부님은 흔들림이 없었어요. 성당 문은 그분이 미사를 드리기 5분 전까지 닫아 놓았습니다. 만약에 문을 더 일찍 열어 놓으면 그만큼 더 일찍 미사를 드리실 테니까요. 우리가 성당 문을 열자마자 그분은 제단으로 가십니다. 미사를 드릴 수밖에 없는 무언가 있는 것 같았습니다.

아침 식사로는 커피 한 잔을 드셨는데, 항상 남기셨어요. 우리가 가끔 달걀을 권했지만 드시지 않았습니다. 이곳에는 '첫 과일을 먹는 관습'이 있습니다. 우리가 그 계절 첫 과일을 먹을 때 그분은 손도 안 대셨습니다.

축일 성찬 때도 아무것도 안 드셨습니다. 아시시의 성 프란치스코 축일, 원죄 없이 잉태되신 복되신 동정 마리아 대축일, 그리고 그 외 주님과 성모님의 다른 축일에 말입니다. 이런 축일 며칠 전부터 아무것도 드시지 않으셨어요. 이건 그분만의 금욕 규칙 같았어요. 먹을 수 있는 것, 먹고 싶은 것을 멀리하셨습니다. 보통 때도 아주 조금 드시는 분인데 이런 축일에는 아예 아무것도 드시지 않으셨습니다.

때로는 우리가 그분 앞에 마카로니 접시를 놓아 드리기도 했지요. 그럴 때도 몇 알 씹으시면서 "아이고, 배부르다." 하셨습니다. 그분께 달걀을 하나 권해도 "나는 괜찮네." 하셨고요. 우리가 그분처럼 먹는다면 아마 일주일도 못 버틸 겁니다.

그분의 식사에는 단백질이 없었어요. 의사가 진찰한 후에, 그분께 단백질이 많은 완두콩을 드시라고 했지요. 그분은 의사를 기분 좋게 하느라고 몇 숟가락 드셨지만 그때뿐이었어요.

낮에 비오 신부님께서 책상에서 사무를 보실 때, 물이나 커피 또는 포도주나 베르무트(백포도주 일종)를 한 잔 드실 만도 했지만, 이런 것조차도 거부하셨어요. 그것들을 좋아하셨지만, 겨우 입술만 대셨답니다. 그분의 생애는 고행이었습니다.

알레시오 신부에게 비오 신부의 오상 이야기를 해 달라고 했다.

그분의 상처는 매우 깊었고 완전히 뚫려 있었어요. 상처의 위와 아래에는 피딱지가 있었는데 손등과 손바닥을 깨끗이 씻는다면 그 구멍을 통해서 사물을 볼 수 있었을 겁니다. 그런데 구멍이 뚫려 있어도 보이지 않는 것은 손바닥에 응고된 피 때문이었지요. 비오 신부님을 돌봐 드릴 때, 나는 얼굴만 씻겨 드렸습니다. 상처는 돌아가실 무렵만 빼고는 직접 씻으셨고 나중에는 오노라토 신부가 도왔습니다. 그러나 언제부턴가 상처가 보이지 않았습니다.

하루는 잠자리에 드신 후에 나를 부르지 않으셨습니다. 보통

8분이나 10분이 지나면 부르시곤 하셨는데 그날은 벨 소리를 듣지 못했어요. 그래서 제가 그 방으로 갔지요. 잠자리에 드시고 약 15분이 지난 후였습니다. 나는 겁이 덜컥 났습니다. 문을 두드리면서 "신부님, 들어가도 될까요?"라고 하자, "들어와서 나 좀 도와주게." 하셨습니다. 들어가 보니 그분의 몸이 반은 침대에 걸쳐 있고 반은 마루에 늘어뜨려져 있었습니다. 일어나려고 하시다가 쓰러지셨던 것 같았습니다. 미사 때만 **빼고**는 종일 손에 끼고 있는 장갑도 마룻바닥에 떨어져 있더군요. 나는 얼른 그분을 침대에 눕혔습니다. 그러자 침대에서 다시 일어나 앉으셨습니다.

나는 그분의 상처를 보고 그 상처를 씻겨 드렸습니다. 상처는 1페니짜리 동전 크기만 했습니다. 아주 깊은 상처였어요. 그리고 반쯤 응고된 피로 덮여 있었지요. 나는 급히 피를 닦았습니다. 그 상처를 만질 때마다 몹시 겁이 났습니다. 손바닥의 상처는 피가 말라서 거의 막혀 있었지만, 손등의 상처는 피투성이였어요.

나는 옆구리에 가로로 난 상처도 보았습니다. 십자 모양을 이루는 세로로 난 상처는 보지 못했어요. 상처 길이가 7.6센티미터쯤 되고 너비는 0.6센티미터쯤 되더라고요. 그 상처는 왼쪽 가슴 밑에 있었습니다.

비오 신부님은 피가 나오는 양에 따라서 2, 3일에 한 번씩 장갑을 바꿔 끼셨습니다. 미사 전에 제의실에서 장갑을 벗으시면 제의 위로 피딱지가 떨어졌는데 사람들은 그것들을 집어 갔습니다. 나도 두께가 0.3센티미터쯤 되는 것을 하나 가지고 있습니다.

오상에서는 계속해서 피가 났어요. 다른 수사들이 전하기로는, 침대 홑이불이 피범벅일 때도 많았다고 합니다. 비오 신부님은 그분의 영적 지도 신부님에게, 만약 자신이 오상을 받았을 때 하느님께서 지탱해 주지 않으셨다면 자신은 죽었을 거라는 편지를 쓰기도 하셨어요.

그분은 오상 때문에 매우 고통스러워하셨습니다. 사람들이 그분의 손을 거칠게 잡으면 소리를 치셨는데 그것이 때로는 사람들을 기분 나쁘게 했지요. 어떤 사람이 "제가 뭘 잘못했습니까?"라고 따지자 "상처가 장식인 줄 아시오?"라며 화를 내기도 하셨어요. 손과 발의 상처에서 느껴지는 고통이 엄청난 것 같았습니다. 어떤 사람이 그분의 손에 입을 맞추려 할 때 고통이 느껴지면 바로 손을 치우셨지요. 하루는 어떤 부인이 무릎을 꿇고는 그분의 발을 만졌고 비오 신부님은 소리를 질렀어요. 그래서 우리는 그분을 얼른 부축해 드렸고 그분은 절뚝거리며 그 자리를 피하셨어요.

두 장소에 나타나거나 죽은 영혼과 대화 나누는 것을 비오 신부에게 직접 물어본 적 있느냐고 물었다.

아니요. 어떻게 두 장소에 계시는 건지 직접 물어본 적은 없습니다. 그런 말씀을 하신 적이 있는지도 모르겠습니다. 그런데 이런 일이 있었어요. 그날도 내가 그분 방에 있었어요. 몸이 불편하셔서 보살펴 드려야 했거든요. 그분은 침대에 누워 계시고 나는 소파에 앉아 있었지요. 우리 두 사람 다 묵주 기도를 하고 있었습니다. 그런데 갑자기 묵주 기도를 멈추고 말씀하셨어요.

"이리 오시오! 나에게 바라는 게 뭡니까?"

몇 초 후에 "이리 오시오! 바라는 게 있습니까?"라고 다시 말씀하셨어요. 그러고는 더욱 강렬한 어조로 말씀하셨지요.

"바라는 게 있냐고 묻지 않습니까?"

잠시 후 그분은 고해성사의 사죄경을 외우셨습니다.

"…… 당신의 회개를 위하여 주님의 기도 다섯 번과 성모송 다섯 번, 영광송 다섯 번을 바치시오. 나도 성부와 성자와 성령의 이름으로 당신의 죄를 용서합니다."

그러고는 다시 아무 말도 없으셨습니다.

다른 날 나는 루르드에 가신 일이 있느냐고 여쭈어보았는데 "매일 밤 루르드에 가서 성모님을 만난다네."라고 하셨습니다.

나는 비오 신부가 마귀의 공격을 받은 사건이 궁금했다.

비오 신부님은 젊은 시절부터 마귀의 괴롭힘을 받으셨다고 합니다. 마귀의 괴성이나 쇠사슬 소리를 들은 수도자들이 많았고 그분이 마귀와 싸운 이야기를 해 주신 적도 있었습니다.

나도 떠오르는 일이 있습니다. 연로하신 신부님을 돌봐 드릴 때 그 방에 늘 인터컴을 켜 두었습니다. 그 방과 내 방이 아주 가까워서 인터컴으로 들리는 소리만으로도 지금 무얼 하시는지 알 수 있었습니다. 그러니 사실 혼자 계신 적이 없었던 셈이에요.

비오 신부님이 78세이던 어느 날 밤이었어요. 다른 날과 다르게 5~10분마다 나를 부르시는 겁니다. 그래서 달려가 보면 아무 것도 아니라고 하셨어요. 몇 번이나 그러셨어요. 나중에는 화가 좀 나더군요. 밤낮없이 신부님을 돌봐 드렸지만, 밤에는 잠을 좀 자야 다음날 또 내 소임을 할 수 있는 거 아닙니까? 그래서 신부님께 따지듯이 말씀드렸어요.

"왜 자꾸 이러시는 겁니까? 급하게 부르셔서 서둘러 오면 아무 것도 아니라고 하시고……. 내일 신부님을 돌봐 드리려면 저도 몇 시간은 자야지요!"

그분은 그때 묵주 기도를 하고 계셨는데 기도를 잠시 멈추시며 "자네 방으로 돌아가지 말고 그냥 여기 있게나. 그놈들이 날 내버려 두지 않거든. 그놈들이 날 한숨도 못 자게 한다니까!" 하시는 것이었습니다. '그놈들'이란 마귀들을 말하는 것이었지요. 비오 신부님은 마귀가 기도와 묵상을 방해한다고 하셨습니다.

나는 신부님과 묵주 기도를 함께하며 그 밤을 보냈습니다. 신부님을 대신해서 무언가와 격렬하게 싸움을 한 건 아니지만, 그날 밤 그 방에서 함께 밤을 보낸 걸로 나는 그분을 지킨 겁니다. 마귀를 내 눈으로 직접 보진 못했어요. 하지만 비오 신부님이 마귀 때문에 힘들어하셨다는 건 알고 있습니다.

비오 신부가 지옥을 두려워했는지 물었다.

뒷산에 불이 난 적이 있습니다. 사방이 온통 시커먼 연기였지요. 그분은 "맙소사, 어젯밤 한숨도 못 잤다네. 지옥이 생각났거든." 하셨습니다. 그러나 지옥이 두렵다고 하시지는 않았습니다.

비오 신부가 스페인 가라반달에 동정 마리아가 나타났다는 이야기를 듣고 어떤 반응을 보였는지 물었다.

그 소식을 듣고 "나는 아무것도 모르겠네. 동정 마리아의 발현 사실 여부는 교회가 결정을 해야지."라고 하셨습니다. 그분은 주교님들과 교회의 판단을 미리 내다보지는 않으셨습니다.

비오 신부가 무뚝뚝하다는 평가를 어떻게 생각하는지 물었다.

제의실 가까이에 있던 방에 사람들이 꽉 들어차서 비오 신부님의 휠체어가 지나가지 못했던 적이 있습니다. 빌 마틴 수사(카푸친회의 요셉 비오 신부)와 나는 북적거리는 그 상황에서 진땀을 흘리고 있었습니다.

"신부님의 휠체어가 지나갈 수 있도록 길을 좀 열어 주세요."

우리가 여러 번 큰 소리로 말했지만, 사람들이 협조해 주지 않았어요. 비오 신부님도 "나 좀 지나가게 해 주시오!"라고 소리쳤습니다. 격양된 그 목소리를 듣고 내가 다급하게 말했습니다.

"여러분, 제발 신부님을 화나게 하지 마세요."

마침내 우리가 사람들 사이에서 빠져나오자 비오 신부님이 편안한 목소리로 말씀하셨습니다.

"걱정하지 말게. 화나지 않았네. 고함을 치면서도 속으로는 웃고 있었어. 만약 내가 화낼 일이 있다면, 이런 이유는 아니지."

비오 신부님이 고해소에서 사람들을 거칠게 대하시는 것은 그들이 바르게 살도록 이끌어 주기 위한 것이었습니다. 그분의 혹독한 말이나 고함이 사람들을 변하게 만드니까요. 40년, 더 길게는 60년 동안 하느님을 멀리했다고 고백하는 사람들에게 그분의 호통은 일종의 충격 요법 같은 것입니다. 그들이 다시 하느님께로 돌아오게 하려는 방법입니다.

비오 신부의 도움을 거부하거나 그분의 거친 대우를 섭섭해하는 사람은 없었는지 물었다.

아마 어떤 경우에는 불쾌한 반응을 할 수도 있어요. 그러면 비오 신부님께서는 "가세요. 두 달 후에 다시 오세요."라고 말했을 것입니다. 두 달 후에 그들이 다시 오면, 비오 신부님은 그들을 받아들여 사죄경을 주셨지요.

비오 신부가 영적 지도자로서 사람들을 어떻게 지도했는지 물었다.

비오 신부님은 미사 참례와 영성체를 매일 하라고 강조하셨습니다. 또한 깊이 있게 영성 생활을 하는 사람들에게는 우리 신앙의 신비, 특히 성체성사에 대하여 30분간 묵상하도록 권하셨습니다. 이것이 바로 '기도 모임'을 시작하게 된 이유입니다. '기도 모임'을 만들게 된 또 다른 이유는 영적 자녀들이 그분의 뜻과 교황님 뜻하시는 바를 위하여 기도하도록 하기 위한 것이었습니다. 이렇게 하면 깊은 영성 생활을 할 수 있을 거라고 말씀하셨지요. 만약 그들이 30분 동안 기도를 하려 한다면, 반 시간 이상의 묵상이 필요하다고 하셨습니다. 비오 신부님의 이러한 가르침은 사람들이 일주일에 한 번 이상 미사에 참례하도록 만드셨지요. 지금 바로 그 사람들을 성당에서 볼 수 있습니다. 미사가 있을 때마다 그들은 기쁜 마음으로 성당으로 뛰어갑니다. 모두 비오 신부님의 영적 자녀들이지요. 그들은 이 신비의 중요성을 알고 있습니다.

비오 신부의 성격을 묘사해 달라고 했다.

비오 신부님은 매일 성체 강복 후에 동료 사제들과 정원으로 나가셨어요. 우리는 모두 거기 앉아서 그분의 말씀을 들었습니다. 우스운 이야기나 또 자신과 친구들에게 일어난 일들을 이야기하셨지요. 식당에서도 마찬가지였습니다. 보통 그분이 대화를 이끄셨어요. 우리는 그 말씀을 즐겨 들었습니다. 만약 어떤 사람에게 좋지 않은 일이 있으면, 비오 신부님께서는 그 사람의 기분이 나아질 수 있도록 특별한 농담을 하시곤 했어요. 그분은 어떻게 하면 사람의 기분을 상하지 않게 하는지도 알고 계셨습니다.

우리는 가끔 비오 신부님 방으로 찾아갔습니다. 거기서도 역시 대화를 잘 이끄셨어요. 연로하고 병드셨을 때 약 2~3년 동안 나는 그분 가까이에 있었습니다. 사람들이 그 방에 들어오면 몇 분 동안 사람들의 이야기를 들으십니다. 그런데 그들이 잡담을 한다면 "됐어요, 그만하시오."라고 하십니다. 잠깐은 그들의 말을 들으시지만 쓸데없는 잡담은 더 듣지 않으셨습니다.

그분은 항상 피곤하셨고 늘 큰 고통 속에서 사셨다는 것을 기억해야 합니다. 겨울에는 천식으로 인한 발작성 기침 때문에 더 힘들어하셨지요. 호흡이 어려울 정도였습니다. 그분의 유일한 위로는 묵주 기도였습니다. 밤낮으로 묵주 기도를 하셨어요.

비오 신부와 연관된 향기가 있다고 한다. 세계 각지에서 사람들이 체험한 비오 신부의 향기에 대해 아는지 물어보았다.

많은 사람이 비오 신부님과 연관된 향기가 있고, 그것이 무언가를 계시한다고들 합니다. 장미 향을 맡으면 은혜를 받는다든지, 향 냄새를 맡으면 기도를 해야 한다든지요. 하지만 A=B라고 명확하게 설명하거나 증명하기는 어렵습니다. 다만 그들의 이야기에 일관성이 있다는 데엔 주목해 볼 수 있습니다. 비오 신부님과 연관돼 좋은 냄새를 맡는 사람들은 은혜를 받았거든요. 그러나 좋지 않은 냄새를 맡은 사람들은 비극적인 일, 자동차 사고라든가 다리가 부러지는 등의 사고를 겪었어요. 내가 말할 수 있는 건 이것뿐입니다.

5. 요셉 비오 마틴 신부
영혼의 가치를 높이는 일

산 조반니 로톤도에 오는 많은 방문객들은 가장 먼저 요셉 비오 마틴 신부를 만난다. 브루클린 태생의 그는 빌 마틴 수사였다가 비오 신부가 선종한 후에 카푸친회 사제로 서품받았고, 지금은 빌 마틴 신부 또는 요셉 비오 신부로 알려져 있다. 그는 호기심으로 비오 신부를 찾았다가 아예 눌러살게 되었다고 한다. 카푸친회 수도자들 중에서 그보다 더 비오 신부와 가까웠던 사람은 없을 것이다. 그의 주된 임무는 비오 신부를 개인적으로 돌봐 드리는 일이었다. 나는 그가 어떻게 비오 신부와 함께 생활하게 되었는지 묻는 것으로 이 귀중한 인터뷰를 시작했다.

내가 플랫부쉬에 살고 있을 때, 신학교에 다니던 친구에게서 처음 비오 신부님 이야기를 들었습니다. 그리고 1959년에 비오 신부님을 만났습니다. 마치 에펠탑 이야기를 들은 사람이 그것을 보러 가는 것처럼, 그분에게 끌려 이곳에 오게 된 것입니다. 1964년에 한 번 더 왔다가 얼마간 이곳에 머물기로 마음먹었습니다.

그렇게 시간이 흘러 이제는 이곳을 떠나야겠다고 생각한 순간이 있었어요. 그것도 세 번이나요. 하지만 비오 신부님이 말리셨어요. 떠나기 위해 짐을 쌌다가 그분의 강한 만류에 다시 짐을 풀 수밖에 없었습니다.

비오 신부님은 내가 수도자가 되도록 이끌어 주셨고 나를 영적 아들로 받아 주셨지요. 그분이 나를 위하여 기도해 주시리라고 믿었습니다. 그러나 그것이 의미하는 바는 훨씬 컸던 것 같아요. 내가 그분의 영적 아들이 된 이후로 내 삶의 방향이 완전히 달라졌거든요. 그 길이 눈에 선명하게 보였다고 말할 수는 없지만, 비오 신부님이 이끄시는 방향으로 몸을 돌릴 수밖에 없었습니다.

첫 일 년 반 동안은 수도원 밖에서 평신도로 살았고, 그 후 3년 동안은 제3형제회 수사로 살았습니다. 비오 신부님이 돌아가신 후에는 카푸친회에 사제로 받아 줄 것을 청원했지요. 그 후 나는 신학교 필수 과정을 마치고 사제품을 받았습니다.

비오 신부가 겪은 육체적인 고통은 하느님의 은총을 보여 주기 위한 과정이었다고 생각한다. 비오 신부가 겪은 고통이 어떤 가치가 있다고 생각하는지 물었다.

비오 신부님께서 이렇게 말씀하신 적이 있습니다.
"우리가 하느님을 향할수록 영혼의 가치가 높아집니다. 우리의 내면을 하느님이 원하는 것들로 채우면서 우리의 영혼을 가꾸어야 합니다."

이게 바로 그분 생각입니다. 그분의 사명은 인류의 구원을 위하여 고통받는 것이었습니다. 예수님의 고난이 인류 구원이라는 큰 가치를 가지고 있는 것처럼 비오 신부님도 기꺼이 고난의 길을 선택하셨지요. 우리는 '예수님의 수난' 안에서 비오 신부님이 신학자이며 철학자이심을 깨닫게 됩니다. 그분은 58년간 십자가를 지고 살아가셨어요.

비오 신부의 오상을 본 적이 있는지 물었다.

　네, 손과 옆구리에 있는 상처를 여러 번 보았습니다. 나뿐만 아니라, 그분이 집전하시는 미사에 참례한 사람이라면 누구나 그 손의 상처를 볼 수 있었습니다. 성찬의 전례 때 성체를 손으로 들어 올리면, 성체보다 피투성이인 손이 더 잘 보였으니까요. 손에는 마른 피딱지가 묻어 있었고, 상처에서는 피가 흘렀습니다. 실제로 상처는 손바닥 한가운데에 있었고, 응고된 피가 손을 전부 덮었습니다. '고통을 덜어 주는 집' 카사의 설립을 도와준 산귀네티 부인은 비오 신부님께서 강복하시려고 손을 들어 올리셨을 때, 손의 상처 구멍을 통해서 빛을 보았다고 합니다.
　비오 신부님은 방에서 장뇌액으로 상처를 씻으셨습니다. 손과 옆구리는 직접 씻으셨지만, 발은 오노라토 신부가 씻겨 드렸지요. 나는 발의 상처는 본 적이 없습니다. 그분의 발은 항상 부어 있었습니다. 양말 속에 멜론이 들어 있는 것 같았지요. 한쪽 발이 다른 쪽보다 더 부어 있었습니다.
　그분 생애의 마지막 몇 달 동안은 상처가 피투성이는 아니었어요. 이전에는 미사 전에 장갑을 벗으면 피딱지들이 탁자 위로 떨어졌지만, 피라기보다 혈청이었지요. 돌아가시기 두 달쯤 전부터는 상처를 닦지도 않으셨어요.

오상이 사라진 때가 언제인지는 정확히 모릅니다. 어쨌든 그분이 돌아가시기 전에 사라졌습니다. 돌아가실 때는 아무런 상처도 남지 않았죠. 돌아가시고 한 시간 이내에 찍은 사진에도 나타나 있습니다. 그분은 피를 흘리지 않은 채 세상을 떠나셨습니다.

돌아가시기 바로 전날, 나는 희고 분홍빛 딱지랄까 아니면 마른 각질이라고 할까, 그런 것을 발견했습니다. 9월 22일 아침, 그분이 미사를 드리러 나가셨을 때 피딱지들을 치웠는데 아주 흐린 분홍빛을 띠고 있었습니다.

비오 신부님의 오상이 없어진 이유에 대해서 오도리코 신부의 말에 동의합니다.

"오상은 비오 신부님의 사제직을 도와주는 것이었습니다. 사제직이 끝났으니까, 오상도 없어진 것이지요."

비오 신부와 관련 있다는 향기를 어떻게 생각하는지 물었다.

사람들이 그러더군요. 좋은 향은 은총을 의미하지만 나쁜 냄새는 위험이나 참회를 뜻한다고요. 향香 냄새를 맡으면 기도하란 의미로 받아들인다는 이도 있었습니다. 하지만 나는 이것을 어떻게 받아들여야 할지 모르겠어요. 조금 광신적이란 생각이 들거든요.

미국 의학 협회지에 실린, '비오 신부의 오상은 히스테리의 결과' 라는 바르바라 힐덴브란트의 글을 어떻게 생각하는지 물었다.

카티 신부의 《과학과 오상》을 읽어 보십시오. 히스테리로 흉터 라든가 점 같은 건 생길 수 있지만, 오상은 만들 수 없다고 합니다. 만약 히스테리가 원인이었다면, 어떻게 50년 동안 괴저병에 걸리지 않을 수 있었겠습니까?

비오 신부님은 감정적인 분이 아니었습니다. 히스테리로 보일 만큼의 감정 상태에 이르신 것을 본 적이 없습니다. 생애의 마지막 3년 동안 그분은 정신적으로나 육체적으로나 끔찍할 정도로 고통을 당하셨습니다. 우리는 그 고통의 정도를 감히 짐작조차 못 할 것입니다. 만약에 그분이 감정적이거나 히스테릭했다면 이 시기에 정말 심했을 텐데 그런 일은 없었어요. 수난의 전 과정을 겪으신 그분을 떠올려 보세요. 머리가 약간만 아파도 짜증스러운데 늘 평온하셨답니다.

나는 무언가를 감추거나 덧붙이고 싶지 않아요. 비오 신부님은 감정적으로 사람을 대하지 않으셨어요. 그렇다고 해서 차가웠던 것도 아닙니다. 쾌활하고 따뜻한 분이셨습니다.

비오 신부가 죽기를 열망했다는 것이 사실인지 물었다.

네, 죽고 싶어 하셨습니다. 이해할 수 있습니다. 그러나 그분이 깊은 우울감에 빠져 자살을 떠올리신 건 아니에요. 비오 신부님은 이런 말씀을 자주 하셨지요.

"나는 지쳤다네. 이제는 하느님 곁으로 가도 되지 않겠는가?"

그분은 죽음의 은총을 위하여 성모님께 묵주의 9일 기도를 바치셨습니다. 그저 하느님 곁에 머물기를 바라셨고, 이 세상의 그 무엇에도 미련이 없으셨습니다. 세상일에 좀 더 미련을 가질 수 있도록 성모님께서 '고통을 덜어 주는 집'과 같이 엄청난 자선 사업을 주시지 않았더라면 어땠을까 하는 생각을 가끔 했습니다.

어느 기념일에 섹스토 신부가 이런 말을 했어요.

"신부님, 저희 곁에서 50년만 더 사세요."

그러자 비오 신부님이 "허허, 내가 자네에게 무슨 못 할 짓이라도 했단 말인가? 이제 내게 남은 것이라고는 무덤뿐이라네."라고 하시더군요.

9년 전부터 그분은 당신의 죽음을 예고하셨습니다. 어느 날 로

몰로 신부가 "비오 신부님, 죽음이 두렵지 않으십니까?" 하고 물었습니다. 그분은 잠시 생각하시더니 "죽음은 두렵지 않네!" 하셨답니다. 비오 신부님께는 죽음이 인생의 목표처럼 보이기도 했어요. 사실 누구나 죽음을 향해 가지만 우리는 강하게 느끼지 못하지요.

비오 신부님이 돌아가시기 전 금요일은 오상을 받은 지 50주년이 되는 기념일이었습니다. 수도원장인 카르멜로 신부가 그분 곁에 무릎을 꿇고 "비오 신부님, 축하합니다."라고 했지요. 그런데 비오 신부님은 "무엇을 축하하십니까?" 그러시는 겁니다. 물론 그분도 그날이 특별한 날이란 걸 알고 계셨지요. 카르멜로 신부는 "오늘이 오상을 받은 지 50년이 되는 날이지 않습니까?"라고 했습니다. 비오 신부님은 "정확히 58년이지요."라고 말씀하셨습니다. 그분이 58년이라고 하신 걸 내 귀로 똑똑히 들었습니다. 그분은 처음 오상을 받으신 1910년 9월 1일을 말씀하고 계셨던 겁니다. 그때 상처들은 오래가지 않았지만(1910년부터 1918년까지는 상처가 눈에 보이지 않았다), 통증은 그대로 있었다고 합니다.

비오 신부님은 세련된 유머 감각을 가지고 계셨어요. 우울하거나 슬프거나 괴로워 보이지 않았고 쾌활하셨어요. 극심한 고통을 당하셨고 늘 다른 사람의 죄 고백을 들어야 했기 때문에, 유머 감각조차 없었더라면 우울증 환자가 되셨을 겁니다. 유머 감각은 하늘의 선물일 거예요. 비오 신부님은 함께하는 사람들을 즐겁게 해 주셨답니다. 진지하건 경건하건 유쾌하건 간에 그분의 언어 구사력은 대단하셨습니다.

비오 신부는 가끔 사람들을 거칠게 대하셨다. 왜 그랬다고 생각하는지 물었다.

비오 신부님은 엄해야 할 때는 굉장히 엄하셨어요. 그러나 이유 없이 누군가를 엄하게 대하는 것을 본 적이 없습니다. 만약 공개적인 장소에서 그렇게 하셨다면, 그 사람이 신앙생활을 제대로 하지 않았거나 정직하게 고해하지 않았기 때문일 거예요.

한번은 어떤 남자가 아내를 데리고 산 조반니 로톤도 제의실로 들어왔습니다. 그는 아내를 죽일 생각이었답니다. 산에서 내려가는 커브 길에서 자동차 사고로 위장할 계획이었지요. 그런데 그가 제의실에 들어오자, 비오 신부님이 갑자기 돌아서시더니 "살인자!"라고 하셨지요. 그를 가리키면서 "당신 계획대로는 되지 않을 거요!"라고 하셨습니다. 모든 계획을 꿰뚫어 보는 비오 신부 앞에서 그는 회개했습니다.

〈사인 매거진 *Sign Magazine*〉(1969년 2월호 27쪽)에 실린 기사 '비오 신부의 기억'에서 목격자가 묘사한 사건이 있었다. 저자 요셉 투시아니는 이렇게 쓰고 있다. "나는 너무 어려서 이 말이 얼마나 충격적인지 그 뜻을 제대로 이해할 수 없었다. 다만 그분의 눈에 서린 분노만을 기억할 뿐이다."

비오 신부님은 사제로서 영혼을 수술하는 의사였습니다. 인내와 자비의 미덕이 뛰어난 분이셨고요. 그렇지만 고해자가 준비가 돼 있지 않으면 되돌려 보냈습니다.

그분이 주님께 물으셨습니다.

"어찌하면 이 영혼들을 움직일 수 있겠습니까? 어찌하면 이들에게 감동을 줄 수 있겠습니까?"

적어도 이것이 그분의 방식에 대한 나의 해석입니다. 누구나 다 이것을 이해하지는 못할 겁니다. 비오 신부님은 하느님께로 돌아올 준비가 안 된 사람들을 되돌려 보냄으로써, 또 고함을 치심으로써 그들에게 충격을 주시려고 했습니다. 멈춘 심장을 뛰게 하려고 전기 충격을 주는 것처럼 말입니다. 만약 사람들이 그냥 고해소로 들어와서 맘 편히 죄를 고백하고 쉽게 보속을 받고 돌아간다면, 그들의 생활 습관은 바뀌지 않을 거예요. 그래서 그들에게 충격을 주는 겁니다. 그들 대부분은 달라진 모습으로 다시 비오 신부님께로 옵니다.

돌아가시기 겨우 몇 주일 전, 오노라토 신부와 내가 고해소에 있을 때였습니다. 갑자기 신부님이 한 남자에게 불같이 화를 내셨어요. 정말 무섭게 말입니다. 그곳에서 나와 엘리베이터 문이 닫히고 나서 오노라토 신부가 이야기했어요.

"신부님, 이렇게 화를 내시면 안 됩니다. 사람들을 그렇게 취급하시면 안 되지요. 저들도 화를 내고 있지 않습니까?"

비오 신부님은 편안한 표정으로 웃음을 지으며 말씀하셨지요.

"난 그들 마음에 화를 돋우고 싶소."

나는 이게 바로 열쇠라고 생각합니다.

신부님이 줄지어 선 사람들 앞으로 지나갈 때, 입 맞추라고 손을 내미시거나 머리를 두드려 주시곤 합니다. 그러나 어떤 사람은 못 본 체하시죠. 가끔은 고함을 치시는데, 같이 있는 내가 무안할 정도예요. 가위로 수도복이나 장식끈을 잘라 가는 사람들도 있어서 신부님이 예민해지기도 했어요. 그것이 모든 사람에게 다정할 수 없는 이유이기도 했고요. 이탈리아 수사가 쓰는 두건도 쓸 수가 없었어요. 다 훔쳐 갔으니까요. 만약에 모든 사람을 다정하고 부드럽게 대했다면 사람들은 그분을 다 먹어 치웠을 겁니다. 불쌍한 비오 신부님은 매일 그걸 겪어야 했어요. 어떤 사람들을 거칠게 대하실 때, 인간적인 감정으로 그렇게 하시는 게 아니란 걸 꼭 기억해야 합니다. 신부님의 마음은 한결같습니다.

나는 비오 신부님을 '우리 영혼을 위한 연기자'라고 부르기도 했어요. 사람들을 하느님 곁으로 이끄시려고 그런 연기를 하는 것 같았거든요. 주님의 울타리를 벗어나려는 이들의 영혼을 붙잡기 위한 거죠. 그러고 나서 그 자리를 나갈 때는, 다시 그분의 인격으로 돌아와서 상냥하게 말씀하십니다.

"모두 잘 돌아가세요."

아주 다정하고 평온하게요.

세상을 꿰뚫어 보는 눈

비오 신부님은 사람들의 마음을 잘 읽는 분이셨어요. 나도 경험한 적이 있습니다. 어느 날 나는 그분께 고해하러 갔어요. 죄 고백을 끝내자 "자, 다른 것도 이야기하게." 하시더라고요. 나는 "다른 건 없습니다."라고 했죠. 죄를 감추려 한 게 아니었어요. 그 행동에 대한 죄의식이 없었다는 게 맞는 표현일 겁니다. 그러나 그분은 내 마음을 살펴봐 주시면서 어떤 일 하나를 말씀하셨고 덕의 실천을 강조하셨습니다. 그때부터 나는 하느님의 뜻에 따라 바르게 살기 위해 노력을 많이 했습니다. 그분은 내가 극복해야 할 결점을 보여 주신 것이지요.

이뿐만 아니라 신부님은 세상을 꿰뚫어 보는 분이에요. 전쟁 중에는 가족을 잃은 사람들이 참 많았어요. 그때 비오 신부님은 정확한 주소를 주시면서 어디로 가면 가족이나 친척을 찾을 수 있는지를 알려 주셨답니다. 이런 사례는 끝이 없어요. 사람들은 그분께 와서 수술을 해야 하는지, 말아야 하는지 묻기도 한답니다. 어떤 의사는 그렇다고 하고 또 다른 의사는 아니라고 하는 경우가 있으니까요. 그럴 때 비오 신부님은 미래를 내다보시면서 우리에게 좋은 방향을 알려 주셨어요.

한번은 페루지아에서 전화 교환원을 하는 여자가 그분을 찾아왔습니다. 그 여자는 TV 회사와 전화 회사 둘 중에서 하나를 선택해야 하는 상황에 놓여 있었어요. TV 회사를 택하면 지금보다 더 많은 월급을 받을 수 있었습니다. 그러나 비오 신부님은 "영혼을 잃는 것보다는 양파와 빵을 먹는 것이 낫습니다. 전화 회사에서 일하세요."라고 하셨지요. 그분은 어떤 선택이 그 사람에게 좋은지 알고 계셨습니다.

이런 이야기는 끝도 없어요. 내가 죽는 날까지 해도 끝이 안 날 겁니다. 사람들의 여러 질문에 대답을 하신 그분의 50년 공적인 생활을 생각해 보세요. 1년 365일씩 끝이 없었지요.

결혼한 아들 내외에게 아이가 생기지 않아서 페루지아에서 비오 신부님을 찾아온 부인도 있었어요. 아들 부부는 이 문제로 자주 말다툼했지요. 그 부인은 비오 신부님께 와서 아들 부부 이야기를 여러 번 했습니다. 신부님은 부인에게 "이제는 걱정을 내려놓으세요. 다 잘될 겁니다."라고 하셨고 얼마 후에 아들 부부에게 아이가 생겼다고 해요. 그 이후에 아들을 하나 더 낳아 아들이 둘이나 됐다고 하더군요.

요한 23세 교황이 선종하셨을 때, 비오 신부님은 누가 다음 교황이 될 것인지도 알고 계셨습니다. 에우세비오 신부가 "누가 다음 교황이 되실까요? 신부님은 아시지요?" 하며 알려 달라고 졸랐지요. 마침내 그분이 못 이겨서 "몬티니!"라고 하셨답니다. 정말 몬티니 주교가 바오로 6세 교황이 되셨습니다.

그렇다고 비오 신부님이 모든 해답을 갖고 계신 것은 아니었습니다. 한번은 어떤 부인이 남편과 함께 롱아일랜드에서 왔습니다. 불행하게도 그 부인은 암에 걸렸고 새로운 약을 쓰면 효과가 있을지 궁금해했습니다. 나는 비오 신부님께 부인의 이야기를 전했습니다. 그런데 "나도 모르겠네."라고 말씀하시더군요. 저는 그때 그분의 솔직함과 겸손함에 오히려 감동했습니다.

그분은 당신이 언제 생을 마감할지 아셨습니다. 1959년, 은총의 성모 성당이 완성되었을 때 나폴리의 조세핀 보브 부인은 화가 났답니다. 새 성당이 완성되었으니 비오 신부님께서 축복해 주시리라 생각했던 거지요. 그런데 비오 신부님이 부인에게 "지하에 묘소를 만들면 나는 죽을 겁니다." 하시는 겁니다. 지하 묘소(지금 그분이 묻히신 곳)는 성당이 건축되었을 때 아직 완성되지 않은 상태였고, 그 이후로도 여러 해 동안 방치되었습니다. 1968년에야 겨우 바닥과 벽을 손질했고, 축성식도 9월 22일 주일이 되어서야 할 수 있었답니다. 그리고 열네 시간 후, 9월 23일 새벽 2시 30분 비오 신부님이 돌아가셨죠. 그분은 시각 장애인 피에트루치오에게 자신이 여든한 살에 죽을 거라고 말씀하셨는데, 바로 그해에 돌아가셨습니다.

때로는 그분의 학문적 재능이 죄 고백을 듣는 데 도움이 됐습니다. 어느 날엔 나에게 영어로 말씀하셨다니까요! 뉴욕에서 온 빅터 켈리가 미사를 봉헌할 때도 영어로 말씀하셨습니다. 독일에서 온 부인이 독일어로 하는 죄 고백을 들으신 일도 있습니다. 만약 비오 신부님이 독일어를 알아듣지 못했다면 그 부인은 고해성사를 할 수 없었을 겁니다.

비오 신부의 간구로 기적이 일어나는 경우가 매일 있는 일은 아니었지만, 그분의 81년 생애 동안, 그리고 그의 사후에도 기적을 체험했다고 주장하는 일은 헤아릴 수 없을 정도로 많다. 나는 요셉 비오 신부에게 기적을 체험한 적이 있느냐고 물었다.

직접 체험한 적은 없습니다. 기적 같은 일을 겪은 사람들이 와서 감사를 드릴 때마다 나는 비오 신부님과 같이 있었습니다. 그러나 실제로 그분과 같이 있으면서, 예를 들어서 시각 장애인이 눈을 뜬 일 같은 것은 한 번도 본 적이 없었어요. 그러나 그분의 간구를 통해서, 그분의 손으로 이루어진, 기록이 되어 있는 치유의 경우는 많이 보았습니다. 암이 없어진 것은 정말 큰 기적이라고 생각합니다. 마음이 치유되거나, 사람들이 갑자기 생활 습관을 바꾸는 기적도요. 하지만 하느님 없이 65년을 산 사람이 매일 미사를 드리고 성체를 받아 모시는 것이야말로 대단한 기적이겠지요.

비오 신부가 동시에 두 장소에 나타나는 것을 목격한 적이 있느냐고 물었다.

이것은 라파엘리나 루소와 관련된 경우인데, 그녀와 관련된 이야기는 비오 신부님의 《서간집》 제1권에 나와 있습니다. 그녀는 아주 열성적인 프란치스코 제3회원이었죠. 그녀가 여기 처음 오던 날, 마차에 비오 신부님을 태우고 수도원으로 올라왔다고 합니다. 그녀는 그분과 매우 가까웠지요.

라파엘리나의 조카가 이런 이야기를 한 적이 있습니다. 어느 날 저녁 라파엘리나가 손님 숙소에 들어갔더니 서너 명 정도의 사람들이 있었고 비오 신부님은 팔짱을 끼고 머리를 숙이고 계시더랍니다. 신부님은 꼼짝도 하지 않고 한참 동안 그런 자세로 계셨대요. 그러고는 갑자기 일어나 앉더니 누군가와 이야기를 하시더래요. 사람들이 "괜찮으십니까? 누구와 이야기를 나누신 겁니까? 혹시 다른 곳에 가셨던 겁니까?" 하고 물었답니다.

그분은 "난 집에 다녀왔네. 아버지께 인사드리러 말이야. 그리고 누이와 로마 수도원에 갔다가 동생하고 뉴욕에도 갔었네."라고 말씀하셨습니다.

비오 신부님이 선종하시기 2년 전쯤에, 뉴욕에서 수도회를 찾아온 아주 겸손한 부인을 만났습니다. 부인은 광신적이지 않았습니다. 부인이 자기는 목에 있는 종양 때문에 앞으로 더 살 가망이 없었다고 했어요. 그래서 비오 신부님께 도와 달라고 간청했더니, 갑자기 비오 신부님이 자기 침대 발치에 나타나셔서 축복해 주셨다는 것입니다. 그분의 "일어나시오."라는 한마디에 부인은 벌떡 일어나서 산 조반니 로톤도에 왔는데, 완치되었다는군요. 내가 그 부인을 만나지 못했다면 믿지 않았겠지요.

마귀가 비오 신부를 공격했다는 증거 서류가 있다. 요셉 비오 신부에게 이러한 일을 본 적이 있는지 물었다.

끊임없는 마귀의 괴롭힘

1964년 7월에 어떤 여자에게서 마귀를 쫓아낸 일이 있었습니다. 그날 아침 비오 신부님은 고해성사를 주신 후에 늘 하시던 대로 사람들을 축복하시기 위해서 성당에서 나오셨습니다. 그런데 어떤 이상한 여자가 부자연스럽고 낮은 음성으로 말하더랍니다. "비오 신부, 오늘 밤에 당신을 찾아가겠소."

사람들은 '비오 신부님께 저런 태도로 말하다니 이 여자가 제정신이 아니군.' 하며 그냥 지나쳐 버렸습니다. 그런데 그날 밤 비오 신부님 방에서 엄청나게 큰 소리가 났습니다. 그 소리에 놀라서 원장 신부님이 자다가 달려갔지요. 가 보니 잠옷을 입은 신부님이 베개를 벤 채 마룻바닥에 누워 계셨는데, 이마에서는 피가 흐르고 오른쪽 눈썹 위는 찢어지고 눈에 멍이 들어 눈 밑도 시커멓더랍니다. 꼭 숯으로 눈 아래를 까맣게 칠해 놓은 것 같더래요. 어깨도 많이 다치셨답니다. 그분은 일주일 동안 그런 상태였다고 합니다.

원장 신부님이 "왜 바닥에 누워 계세요? 그리고 누가 베개를 베어 드렸습니까?" 하고 물었더니 "성모님."이라고 하셨답니다.

그날 아침 카푸친회 수사들은 비오 신부님이 밤에 주무시다가 침대에서 떨어졌다는 이야기를 공식적으로 발표했습니다. 그분은 일주일 동안이나 미사를 드리러 내려오지도 못하셨지요. 광신적인 부인들이 비오 신부님을 제대로 도와드리지 못했다고 수사들을 비난했습니다. 우리는 그분의 말씀을 믿었습니다. 구마식은 그날뿐 아니라 그다음 날에도 계속되었어요. 구마식에서 마귀가 이렇게 말했습니다.

"어젯밤 나는 그 늙은이를 만나러 위층으로 올라갔지. 그놈은 아주 얄미워. 믿음이 흔들리지 않거든. 하얀 부인이 날 막지 않았더라면 내가 더 괴롭혔을 거야."

마귀는 정말 그렇게 말했습니다. 그러니까 지금 두 가지가 연결되는 겁니다. 비오 신부님은 성모님이 베개를 베어 주셨다고 말씀하셨고, 마귀는 성모님이 막지 않았다면 더 했을 거라고 말한 거지요. 2년쯤 후에 어떤 부인이 비오 신부님에게 고해하러 가서는 "신부님, 지난번 제가 여기 왔을 때는 그놈의 작은 마귀가 신부님을 괴롭혔지요?"라고 하더랍니다. 비오 신부님은 "작은 마귀라니? 그놈은 절대로 작지 않았소. 그놈이 사탄의 발굽으로 날 때렸소."라고 대답했어요. 구마식에서 마귀는 자기가 비오 신부님을 공격할 사탄의 발굽을 갖고 있다고 이야기했습니다.

이따금 비오 신부님은 의자에서 튕겨 나와 마룻바닥에 떨어지셨습니다. 어느 날 아침 오노라토 신부와 커피를 마시려고 잠깐 자리를 비웠습니다. 혹시 그사이에 그분께 무슨 일이 있을까 봐 우리는 안락의자 팔걸이에다가 호출 버튼을 매달아 놓고, 그분이 거기에 앉아 계시도록 했습니다. 겨우 5분이나 지났을까? 오노라토 신부가 2층 비오 신부님께로 다시 올라가고 있었는데, 비오 신부님이 "사람 살려! 도와주시오!" 하고 고함을 치시더랍니다. 방으로 뛰어 들어가 보니, 비오 신부님이 마룻바닥에 쓰러져 계셨습니다. 마귀가 들어와 싸움을 시작해서 그분을 마룻바닥에 꼬꾸라뜨린 것이었습니다. 그분은 돌아가시기 전 마지막 몇 달 동안에 끊임없이 마귀의 괴롭힘을 당하셨습니다.

그분은 방 옆 테라스에 앉아서 묵주 기도를 하시곤 했지요. 묵주가 그분 손가락에 뿌리를 내리지 않은 것이 이상할 정도로 항상 묵주를 들고 계셨습니다. 그런데 가끔 주위를 쓱 둘러보시고는 위에서 빙빙 도는 그 무엇을 지켜보실 때가 있었습니다. 정말 으스

스했지요. 왜냐하면 우리는 그분이 뭔가를 보고 계신다는 것을 알았으니까요. 한 번은 마리아노 신부가 무엇을 보셨느냐고 물었죠. 그때 신부님은 "머리를 보았네."라고 대답했는데, 나는 그것이 마귀라는 것을 직감적으로 알았습니다.

이런 일도 있었어요. 라파엘레 신부가 고해성사를 보고 일어설 때였습니다. 비오 신부님이 갑자기 "뒤돌아보게!" 하고 외치시는 겁니다. 마귀가 라파엘레 신부에게 덤벼든 거죠. 비오 신부님은 마귀가 라파엘레 신부의 등에 매달려 있는지 보려고 하신 거였어요. 우리는 아무것도 못 봤지만요.

언젠가 그분이 내 배를 노려보시는데, 마치 마귀나 마귀의 화신이 내게로 올라오고 있는 것 같은 느낌이 드는 거예요. 나는 아무것도 보지도 느끼지도 못했지만, 신부님의 눈빛은 무시무시했어요. 비오 신부님은 생의 마지막 몇 달 동안 끊임없이 그분 곁을 맴도는 마귀를 보셨던 것 같아요. 마귀는 항상 그분 곁에서 그분을 괴롭혔지요. 마귀가 비오 신부님을 육체적으로 공격할 수 없을 때는 그분이 하시는 일을 공격했다고 합니다. 마귀가 그런 말을 한 적이 있지요.

"내가 비오 신부 육체를 더 괴롭힐 수 없으니, 그의 일을 망쳐 버리겠다."

비오 신부님의 고향 피에트렐치나에도 마귀의 흔적이 남아 있어요. 신부님이 다닌 신학교와 잠을 잤던 동생 미카엘의 집 벽에 짐승의 손자국처럼 보이는 자국이 있거든요. 그분이 돌아가시던 날까지도 이런 일이 계속되었어요. 어떤 날은 마귀와 몸싸움까지 하셨습니다.

비오 신부님은 이상한 움직임이나 소리에 매우 민감하셨고, 경계하셨지요. 신부님은 마귀가 모든 형상으로 나타난다고 말씀하셨습니다. 처음에는 쥐새끼로 시작해서 나중에는 큰 짐승의 발 같은 것이 되어 그분의 눈을 빼려고 한 일도 있다고 해요. 그래서일까요, 그분은 쥐새끼조차 무서워하셨어요. 정말 기괴한 일이에요. 중세에나 떠돌법한 이야기지요. 그런데 마귀는 그분에게 달려들 뿐 아니라, 다른 사람의 몸에 들어가기도 했습니다. 나는 산 조반니 로톤도에서 마귀 들린 사람을 둘이나 보았습니다.

마귀 들린 사람

어느 무더운 여름 저녁, 아이스크림을 사러 나갔다가 다시 수도원으로 돌아와 보니 어떤 신부가 30대쯤 된 젊은 부인에게 성수를 뿌리고 있더라고요. 그런데 그 여자가 초인적인 힘을 발휘하는 겁니다. 남자 두 명이 그녀를 의자에 앉힐 수가 없었답니다. 그 여자의 머리와 스카프는 다 헝클어지고, 옷은 풀어 헤쳐지고, 신발도 벗겨졌더라고요. 그녀는 의자에서 일어서더니 두 남자를 밀쳐 버렸습니다. 남자들이 그녀를 앉히면, 다시 밀쳐 버렸어요. 세상에, 어디서 그런 힘이 나는지! 그건 짐승의 힘이지 사람의 힘이 아니었어요. 비오 신부님이 들어오시자 그녀는 쥐 죽은 듯 조용했어요. 움직이지도 않고, 소리도 내지 않고 꼼짝하지 않는 겁니다. 그분은 그녀에게 축복기도를 해 주고 나가셨습니다. 그분이 나가시자 정말 겁이 날 정도로 다시 발작하는데, 이건 사람이 하는 짓이 아닌 겁니다. 내 생전에 그런 건 처음 봤습니다. 그녀는 발길질을 하며 고래고래 소리를 지르면서 초인적 힘을 발휘하더군요.

마귀가 여자에게 들어가서 동물의 행동을 하는 일도 있었습니다. 내 눈으로 직접 보았어요. 그 부인은 비오 신부님이 오셔서 축복해 주실 때는 아무 소리도 내지 않았어요. 그러나 그분이 나가자마자 고통스러운 뱀처럼 몸을 배배 꼬는 거예요. 정말 기괴해 보였어요. 그녀가 배우도 아니었을 텐데, 오랫동안 쉬지 않고 그런 동작을 계속하더라고요. 카르멜로 신부가 다른 사람들은 다 내보내고 그녀를 지켜보았지요. 카르멜로 신부도 그게 신체적인 문제가 아니라는 것을 잘 알고 있었습니다.

아이의 혀를 사로잡은 마귀

내가 직접 보지는 못했지만, 이런 일도 있었다고 합니다. 밀라노에 사는 몸과 마음이 건강한 여섯 살 아이가 갑자기 말을 안 하는 겁니다. 그 아이 어머니는 유명한 의사를 찾아다니면서 가진 돈을 다 썼는데 아무도 그 아이를 고치지 못했답니다. 그 아이가 왜 말을 안 하는지 그 누구도 설명을 못 하는 겁니다. 의학적으로는 아무 이상이 없었으니까요.

6년이 지난 후에 그 어머니가 비오 신부님께 아이를 데려왔습니다. 그동안 여러 의사들을 찾아다닌 이야기를 하는데 비오 신부님이 불쑥 "이건 의학적인 문제가 아니오."라고 하셨대요. 그리고 그분이 그 아이에게 성호를 긋자 바로 말을 했다더군요. 아이의 혀를 붙들어 맨 것이 마귀였던 거지요. 이것은 비오 신부님과 같이 있던 수사들과 그 당시 복도에 있던 사람들이 입증할 수 있는 사실입니다.

나는 이런 일들이 왜 일어나는지 과학적, 신학적으로 설명할 수 없어요. 비록 내가 신학자라 하더라도 고행 전문가는 아니니까요. 마귀의 존재를 믿는 것이 구시대적인 생각이라 할 수도 있겠지만 마귀는 있어요. 그놈은 우리가 인정하는 것 이상으로 우리 삶에서 큰 부분을 차지하고 있습니다.

산 조반니 로톤도에서 악령에 사로잡힌 사람을 보는 일이 흔치는 않습니다. 이런 일이 매일 일어나는 듯한 인상을 주고 싶지는 않습니다. 그곳에 내가 4~5년 있었는데 악령에 사로잡힌 사람을 본 건 실제로 두 번이에요.

비오 신부가 수호천사의 보호를 받은 것이 사실이냐고 물었다.

사실입니다. 비오 신부님은 수호천사와 연결이 되어 있는 것 같았어요. 어떻게 그런 일이 일어나는지 모르지만, 그것은 사실이라고 말할 수 있습니다. 비오 신부님이 천사들과 가깝다는 것을 나는 알고 있습니다.

어느 부인이 비오 신부님께 자기 수호천사가 왔냐고 물었더니 "당신의 수호천사는 당신보다 훨씬 말을 잘 듣더군요."라고 대답한 일도 있습니다.

어느 날 아침, 도미니코 마이어(미국 카푸친회 사제이며 신학 박사. 12년간 비오 신부의 비서였다) 신부가 너무 피곤해하시는 비오 신부님을 보고 '간밤에 쉬지 못하셨냐'고 물었는데 "수호천사가 밤새도록 메시지를 주는 바람에 한숨도 못잤다네!" 하고 대답하셨다고 합니다. 이성적이기로 유명한 도미니코 신부에게서 그런 이야기를 들다니, 이제 나는 믿을 수밖에 없어요. 비오 신부님의 진가를 알고 그분께 일어난 것을 모두 이해하려면 굉장한 믿음이 있어야 한다고 도미니코 신부가 말했어요. 또 비오 신부님은 정말 특별한 분이라고도 하셨지요.

산 조반니 로톤도에 사는 한 부인이 어느 날 로마로 여행을 떠났습니다. 비오 신부님은 저녁 강복 후에 창문 앞에서 사람들과 밤 인사를 나누는데, 그녀도 매일 그곳에서 비오 신부님과 인사를 나누는 사람이었어요. 밤 인사를 나누는 장면은 정말 감동입니다. 그날 밤에도 비오 신부님은 창문을 열고 사람들을 축복하셨습니다. 그런데 갑자기 행동을 멈추시는 겁니다. 나는 신부님을 부축하며 서 있었지요. 그분은 바로 앞에 누군가 있는 것처럼 이야기를 나누는데 나에게는 그 사람이 보이지 않았습니다. 그분이 갑자기 나에게로 몸을 돌리시더니 "지금 마르타 젬쉬가 어디 있나?" 하시더라고요.

그녀가 여행에서 돌아온 후에 내가 물었지요.

"여행 가셨을 때 수호천사를 비오 신부님께 보내셨나요?"

그녀는 "네."라고 대답하더군요. 그녀는 신부님을 뵐 수 없으니까 자신의 수호천사를 보냈던 겁니다. 실제로 비오 신부님은 그 수호천사를 보신 거고요.

나는 그녀가 마을을 떠났었고, 그 후에 일어난 일을 내가 확인했다는 것을 기억하고 있습니다.

비오 신부의 다른 신심들, 특히 연옥에 있는 불쌍한 영혼들 이야기도 물었다.

연옥 영혼을 위한 기도

정말 많은 사람이 매일, 매년 비오 신부님을 찾아왔습니다. 그런데 살아 있는 사람보다 죽은 영혼이 더 많다는 이야기를 들은 적이 있습니다. 이 죽은 자들의 이야기는 더 놀랍습니다.

어느 날 카푸친회 수사 서너 명이 북부 이탈리아에서 교통사고로 죽었어요. 산 조반니 로톤도에 있던 카푸친회 다른 수사들이 비오 신부님께 이 사고를 말씀드리고 기도를 부탁했지요. 그런데 그분은 그들이 죽었다는 것을 이미 아시는 듯했습니다. 틀림없이 그날 밤 그 사람들을 보신 겁니다.

비오 신부님은 교회가 대사大赦의 일부를 없앴을 때 걱정을 많이 하셨습니다.

"이제 누가 연옥 영혼을 생각한단 말인가? 부디 연옥 영혼을 위하여 열심히 기도하세요."

그분은 연옥 영혼들과 자주 대화하셨습니다. 비오 신부님께 자기 가족을 위해서 무언가를 부탁했다는 죽은 영혼의 이야기도 전해 들었습니다.

교황을 위한 기도

비오 신부님의 최고 신심은 성체에 대한 것이었지요. 그리고 성모님과 요셉 성인에 대한 신심도요. 그분은 매일 요셉 성인께 기도하셨고, 특히 돌아가시기 마지막 몇 달은 더하셨습니다. 비오 신부님께서 성 요셉의 성화를 원하셔서 그 성화를 베란다 창문 옆에 걸어 놓았지요. 돌아가시기 두세 달 전에는 매일 4시만 되면 그 성화 앞에 서 계셨습니다. 그분이 편안한 죽음을 위해서 매일 기도하신다는 것을 그때 우리는 몰랐어요.

그분은 그 외 성인들도 많이 생각하셨어요. 가장 좋아한 성인은 아시시의 성 프란치스코였는데, 신부님은 그분의 환영을 자주 보셨지요. 도미니코 성인과 시에나의 가타리나 성녀에게도 관심이 많았어요. 편지를 쓸 때 'J.M.J.D.F.C.'로 시작할 때가 많았는데 이 글자들은 '예수, 마리아, 요셉, 도미니코, 프란치스코, 가타리나'를 뜻합니다.

비오 신부님은 매일 교황 성하를 위하여 기도하셨습니다. 그분을 보살폈던 펠레그리노 신부 말에 따르면 새벽 2시에 일어나 안락의자(사실 별로 안락하지도 않은)에 앉아 계시곤 했다는군요. 불빛에 눈이 부실까 봐 내가 손수건으로 등을 가려 두었는데, 그분은 불빛이 교황 성하의 사진을 비추도록 그것을 조금씩 열곤 하셨습니다. 교황님의 얼굴이 보이기 전까지는, 또 불빛이 시계를 약간 비추기 전까지 만족하지 않으셨답니다. 그것은 그분이 하루를 시작하는 방식이었지요. 교황을 위하여 기도하시는 것 말입니다.

낡은 수도복

비오 신부님은 수도복을 매우 중요하게 여기셨습니다. 오래전에 신학교를 다녔던 그분은 예전에 수사들이 잠옷 대신에 입었던 밤 수도복을 즐겨 입으셨습니다. 원장 신부가 밤 수도복을 못 입게 했을 때는 눈물까지 흘렸다고 합니다. 죽음의 순간을 맞을 때도 그 옷을 입고 싶어 하셨어요. 그리고 실제로 돌아가시기 전에 그 수도복으로 갈아입으셨답니다. 그러고 나서 테라스에 앉으셨지요. 그 수도복을 입고서요. 마지막이 다가오고 있다는 것을 아신 거지요. 그리고 돌아가셨답니다.

그분은 사제복을 입지 않고 오는 사제들을 만나 주지 않으셨습니다. 사람들은 비오 신부님께서 사제복을 입지 않은 이를 보고 사제인지 아닌지 알아내시는지 궁금해하기도 했습니다. 그분은 사람들 기대에 부응이라도 하듯, 사제복을 입지 않은 사제를 단번에 알아보시고 "사제복을 입고 다시 오시오. 그러면 고해성사를 주겠소."라고 말씀하셨지요. 그럴 때마다 사람들은 그분이 알아맞혔다고 좋아했습니다.

비오 신부는 자신을 한 번도 만나 본 적이 없는 사람들을 어떻게 영감으로 도와줄 수 있는 것일까?

믿음으로 보는 눈

그분은 많은 이들에게 믿음의 새 생활을 열어 주는 문이 되어 주셨습니다. 사람들에게 종교를 보여 주는 문, 사람들의 영혼을 평화로, 영원한 구원으로 인도하는 문 말입니다. 비오 신부님에 대한 마지막 장은 아무도 쓰지 못할 겁니다. 비오 신부님이 이루신 것을 믿으려면 우리에게 굳건한 믿음이 필요합니다. 그분을 향한 마음은 커지고 있습니다. 하나의 도시처럼 거대하지요. 그분은 선반 위에서 먼지나 쌓여 가는 동상이 되지는 않으실 것입니다. 비오 신부님이 이런 말씀을 하신 적이 있어요.

"언젠가는, 나의 존재를 사람들이 믿지 않을 것이오."

무신론자들이 넘쳐나는 시대에는 사람들이 그분의 모습을 지워 버리려 할 테지요. 하지만 비오 신부님은 분명히 살아 계십니다. 그분에 대한 기록이 있고 사진도 있습니다. 그저 그분을 만나는 것만으로도 사람들에게는 구원을 뜻할 수 있습니다. 우리는 그분을 통해서 하느님 가까이 갈 수 있습니다. 그분이 돌아가셨다는 사실로 달라지는 것은 아무것도 없어요. 시간이 다할 때까지 우리는 비오 신부님과의 인연을 끊을 수가 없을 것입니다.

《서간집》을 통해 알게 된 많은 것들

비오 신부님 신비성의 차원에서 한마디 더 하지요. 내 생각에 그분은 교회 역사상 가장 위대하고 불가사의한 존재이셨습니다. 최근에 와서야 이탈리아어와 영어로 책이 출간되었지만, 그분의 편지는 우리가 미처 깨닫지 못했던 것들을 알게 합니다. 우리는 그분이 위대한 성인임을 알고 있으나 그분의 신비성의 정도가 그렇게 크리라고는 생각지 않았습니다.

《서간집》이 출간되자마자, 카푸친회 시복 시성 청원자인 베르나르디노 신부가 신비주의에 있어 세계에서 가장 유명한 권위자 중 한 명인 가르멜 수도회 비토리오 신부에게 그 책을 한 권 주었습니다. 비토리오 신부가 그 책을 읽고는 할 말을 잃었다고 합니다.

비오 신부님을 만나는 것은, 비록 그분이 돌아가신 후일지라도, 천국을 발견하는 것입니다. 그것이 바로 비오 신부님께서 우리를 안내하실 곳이기 때문이지요. 비오 신부님의 이름을 듣고 뜨뜻미지근한 반응을 보인 사람은 본 적이 없습니다. 의심하든지 아니면 사랑하든지 둘 중의 하나입니다. "이거 다 속임수 아니야? 이런 이야기는 피하는 게 상책이지!"라며 의심하거나 그렇지 않으면 완전히 빠져듭니다.

6. 라파엘레 신부
비오 신부를 시기한 사람들

 이 인터뷰는 라파엘레 신부가 비오 신부와 산 조반니 로톤도에서 30년이라는 긴 시간을 함께 살았다는 것만으로도 큰 의미가 있다. 수도원과 마을이 늘 평화롭고 조용하지만은 않았다. 자주는 아니지만, 비오 신부를 사랑하는 사람들의 열기가 지나쳐서 광신과 폭력적인 모습을 보일 때가 있었는데, 그들이 오히려 비오 신부를 곤란에 빠뜨리는 것이 아닌가 걱정이 되기도 했다. 라파엘레 신부도 이런 사건들을 주의 깊게 바라보았다. 그가 수도원의 책임자였기 때문이다.

 모든 사람이 비오 신부를 사랑한 것도 아니다. 한번은 그 지역 관할 대주교가 비오 신부님을 사기꾼이라고 비난했다. 교황청에서조차

1923년과 1933년, 그리고 1960년에 비오 신부의 성무 집행에 제재를 가함으로써 그에게 적대적인 모습을 보였다. 교회의 공식 견해는 보통 교계 제도를 통하여 발표된다. 따라서 한 수도회의 지부장은 그의 임기 중에 일어난 일들을 떠올릴 때 관리자의 입장에 서게 된다.

라파엘레 신부와 클레멘테 신부의 인터뷰에서 나는 그 소란스러운 시기에 있었던 일들을 파헤치는 기자의 역할은 하지 않았다. '비오 신부의 전기'가 이런 사건들에 대한 충분한 연대기를 제공할 것이라고 믿기 때문이다. 나는 단지 이 인터뷰를 통해 그들과 비오 신부 사이에서 일어난 일들을 알고 싶었다.

라파엘레 신부가 이 인터뷰에서 명확하게 말하지 않았으나, 내 의견을 여기에 첨가한다. 교회 권위에 대한 비오 신부의 존경과 복종은 즉각적이고 절대적이며 단호하였다.

나는 라파엘레 신부에게 비오 신부의 사적인 생활, 예를 들어 그의 일상생활부터 질문했다.

그분은 사제 생활 초기인 1930년부터 1935년까지 새벽 3시(봄과 가을), 5시 반(여름), 6시 반(겨울)에 일어나셨어요. 미사는 장상이 정해 준 시간에 드렸습니다. 미사 후에는 12시나 늦으면 12시 반까지 고해성사를 주셨습니다. 장상이 고해소에서 그분을 불러내서 식당으로 오라고 해야 하는 일이 자주 있었습니다. 그렇지 않으면 계속해서 고해성사를 주셨기 때문이죠. 그분은 음식도 조금밖에 안 드셨어요. 그저 입맛이나 다시는 정도였지요. 어떨 때는 우리하고 15~30분 정도 대화를 나누시고 방으로 들어가셨습니다.

2시 30분에는 우리와 함께 오후 기도를 드리셨습니다. 그리고 나서는 6시 삼종 기도 때까지 고해성사를 주셨습니다. 저녁이면 쿠키 한 쪽이나 맥주 반 잔 정도로 아주 조금만 드실 뿐 저녁 식사하러 오시는 일은 전혀 없었습니다.

돌아가실 무렵에는 거의 주무시지도 않았어요. 그렇지만 잠자리에 드실 때는 자명종 시계를 새벽 3시에 맞춰 놓으셨어요. 나머지 시간은 기도하며 보내셨습니다.

수도원이 지어진 지 얼마나 되었으며 언제 증축이 되었는지 물었다.

이 수도원은 1600년에 지었고 지난 세기에 두 곳을 증축했습니다. 1939년 지진 후에 비오 신부님 방 앞에 테라스를 만들었습니다. 그걸 만드는 동안 비오 신부님과 수사 둘은 층계 밑 작은 방에서 지내야 했습니다. 이틀이 지난 뒤에 구급차를 불러서 마당에 세워 두었지요. 그분은 거의 반 달 동안 그 구급차 안에서 주무셨어요.

이 시점에서 나는 질문의 성격을 바꾸어 비오 신부에게 왜 제재가 가해졌는지 물었다.

비오 신부에게 내려진 가혹한 지시들

군중을 피하기 위한 것이었습니다. 상황을 통제하기 위해서 가끔 지시가 내려왔지만, 사람들은 이런 지시를 잘 받아들이지 않았습니다. 교황청에서 처음에는 비오 신부님의 미사 집전을 금지했어요. 일반 사람들과 함께 드리는 미사 말입니다. 그 뒤에는 사람들과 접촉하는 모든 활동도 금지했습니다. 하지만 수도원 안에서 개인적으로 드리는 미사는 계속하셨어요. 수사들은 이런 제재에

크게 반발했습니다. 이 때문에, 그리고 대중들이 이러쿵저러쿵 말하지 못하도록 교황청은 나중에 비오 신부님의 미사 집전을 허락했습니다.

이때 관구장 신부님의 통고가 있었습니다. 비오 신부님의 미사 시간을 30분으로 줄이라고요(1920년대에 비오 신부의 미사는 간혹 두세 시간이 걸리기도 했다). 이런 지시는 항상 로마 교황청에서 왔습니다. 그분은 기도에 몰입하므로 미사 시간을 줄인다는 것은 불가능했지요. 그분은 "시간이 얼마나 지나갔는지 난 몰라요. 시간을 의식하지 못합니다."라고 자주 말씀하시곤 했습니다. 그런데 내가 어떻게 그분을 막을 수 있겠습니까? 빨간 깃발을 들고 가서 "신부님, 미사를 더 짧게 하세요. 너무 깁니다."라며 말려야겠습니까? 물론 나중에는 그분의 심장이 많이 약해져서, 한두 시간 동안 미사를 집전하는 것은 불가능했습니다. 1960년에는 그분 미사가 45분에서 한 시간 정도 걸렸지요. 그래도 30분은 넘었어요. 무엇보다 그분은 그 이상 서 계실 수 없었습니다.

1923년부터 1924년에는 사람들이 교황청에 거세게 항의했습니다. 교황청에서 비오 신부님에게 그 수도원을 떠나라는 명령을 내렸기 때문이었습니다. 이탈리아의 다른 지방이나 스페인, 심지어는 뉴욕으로 이동하라는 것이었죠. 군중은 가만히 있지 않았어요.

그래서 교황청에서는 그 상황에 대한 책임을 느끼고 그분에게 가했던 제재를 취소했답니다.

두 번째 제재는 1931년부터 1933년까지였습니다. 그 시기에 프란치스코회 수사 한 사람이 오기로 돼 있었어요. 그는 프란치스코회 장상이었는데 아풀리아에서 설교하던 중에 이곳을 잠시 들르려던 거였어요. 비오 신부님을 뵈려고요. 우리는 이분의 방문 계획을 외부로 알린 적이 없어요. 하지만 이 소식이 어떻게 퍼졌는지 사람들이 밤중에 수도원으로 몰려왔습니다. 이 방문객이 비오 신부님을 제거하러 오는 줄 알고 항의하려고요. 그들은 잠긴 대문을 억지로 열고는 이 수사를 데려가려고 들어왔답니다. 수많은 사람이 수도원 안뜰로 몰려와서 소리소리 질렀습니다. 이래야 한다, 저래야 한다고 말입니다.

내가 그들에게 그건 사실이 아니라고 말했더니 "당신은 거짓말쟁이야." 하는 겁니다. 그래서 내가 손을 쳐들고 소리쳤지요.

"나가세요, 모두 나가세요!"

하지만 그들은 쉽게 돌아가지 않았고 결국 비오 신부님을 창문 앞으로 나오시게 했지요. 나는 경찰서장에게 그들을 설득해 달라고 했고 그제야 그들은 해산했습니다. 혹시 돌발상황이 생길지도 몰라서 기병 한 명이 남아서 밤새 수도원을 지켰어요. 그 후로는 조용해졌답니다.

교황청은 이 모든 일을 덮어 두려 했습니다. 그러더니 로마에서 공문이 왔고 6월부터 미사를 집전해도 된다는 허락이 내려졌습니다. 하지만 그 외 다른 모든 권한, 고해성사를 주는 것과 다른 사목적 행위는 금지되었지요. 누군가를 만나는 것도 할 수 없었어요. 내 기억에는 그게 6월 11일이었던 것 같습니다. 그날 아침 그분의 미사는 두세 시간 이상 계속됐습니다. 신학생 몇 명이 있었지만 미사 집전은 그분 혼자서 하셨지요. 그날 이후에도 신학생들이 오지 못하면 혼자서 미사를 집전하셨어요.

모든 의혹이 풀리다

5월에 꿈을 꾸었는데, 성령 강림 대축일 후 여섯째 주일에 비오 신부님께 내려진 제재가 모두 풀릴 거라는 내용이었습니다. 나는 그분께 꿈 이야기를 전하며 "이 꿈대로 될까요?"라고 물었고, 그분은 "이 꽃들이 피길(꿈대로 되길) 바라네."라고 하더군요.

감사하게도 그 꿈 내용대로 되었습니다. 비오 11세 교황께서 파세타라는 카푸친 회원과 베빌라콰를 수도원으로 보내셨습니다. 그들은 교황님께서 하신 말씀을 비오 신부님께 전했고, 비오 신부님의 이야기도 귀담아들었습니다. 그들이 교황청으로 돌아간 지 얼마 되지 않아 교황님께서는 진실이 무엇인지, 이 사태의 문제가 무엇이었는지 알게 되셨어요. 그리고 7월에 비오 신부님에게 내린 모든 제재를 거두셨습니다. 교황님께서는 카푸친회 수도자인 쿠카롤라 대주교에게 말씀하셨답니다.

"당신네 카푸친회가 큰 승리를 거두었소. 검사성(지금의 교황청 '신앙교리부')이 지시를 거둔 것은 이번이 처음입니다. 검사성에서 내린 명령을 모두 취소했어요."

검사성에서는 자신들이 잘못을 저질렀다는 것을 깨달았기 때문에 비오 신부님의 제재를 모두 풀었던 것입니다. 비오 신부를 사기꾼이라고 교황청에 고발했던 만프레도니아 대주교는 성직이 박탈되어 집으로 보내졌어요.

비오 신부는 연옥의 불쌍한 영혼들에게 강한 연민이 있었다. 라파엘레 신부는 비오 신부의 이런 마음이 얼마나 컸는지 알려 주는 사건 하나를 이야기해 주었다.

불에 타 죽은 노인

불에 타 죽은 사람 이야기를 아십니까? 1918년에서 1919년에 일어난 일인데, 비오 신부님이 산 조반니 로톤도에 오신 지 얼마

안 되었을 때지요. 파올리노 신부의 누이동생이 오빠를 만나러 왔을 때예요. 시간이 많이 늦었고 그녀가 머물기로 한 방은 수도원에서 멀었기 때문에 그날 밤은 수도원 접견실의 작은 방에서 지내기로 했지요. 저녁 식사 후에 파올리노 신부가 비오 신부님에게, 접견실에 있는 아순타에게 가서 인사를 나누자고 했습니다.

그녀를 만나 이야기하는 동안 비오 신부님은 벽난로 옆에 앉아 계셨습니다. 11월이었는데 꽤 추웠거든요. 비오 신부님이 좀 피곤해하셔서 파올리노 신부가 말했죠.

"우리는 성체조배하러 갈까 하는데, 신부님께서는 좀 고단하신 것 같으니 여기서 쉬고 계십시오."

비오 신부님은 그러기로 하고, 파올리노 신부와 누이동생은 회랑을 통해서 성당으로 갔습니다. 얼마 안 돼서 비오 신부님이 살포시 잠이 들었다가 눈을 떠 보니 두꺼운 외투를 둘러 입은 노인이 불을 쬐고 있더랍니다. 비오 신부님이 그 노인에게 물었습니다.

"당신 누구요? 여기서 뭐 하고 있는 거예요?"

"나는 아무개요."

"여기서 뭘 하는 겁니까?"

"나는 이러저러한 일을 속죄해야 해서 지금 연옥에 있소."

비오 신부님이 한숨을 몰아쉬며 말했습니다.

"그런데 왜 여기에 온 거요? …… 자, 내 말 잘 들으시오. 내일 아침에 당신을 위해서 미사를 드릴 겁니다. 그러면 당신은 자유로워질 겁니다."

비오 신부님은 노인의 팔을 잡고 수도원 밖 나무 있는 데까지 걸어갔습니다. 광장에 있는 큰 나무인데 그 동네에서는 '만남의 장소'로 유명했지요.

"자, 당신이 있어야 할 곳으로 가시오. 그리고 다시는 여기에 오지 마시오. 내가 당신을 위해 기도할 거라는 것도 잊지 마시오."

비오 신부님이 그에게 잘 가라는 인사를 하고 수도원으로 돌아와 보니 문이 잠겨 있었습니다. 저녁 식사 후에 닫아걸었던 빗장을 열었던 사람이 없었다는 의미였지요. 그러니까 비오 신부님이 그 노인과 밖으로 걸어 나갔을 때도 문이 잠겨 있었다는 겁니다.

그분은 안으로 들어오기 위해서 벨을 눌렀습니다. 파올리노 신부가 문을 열어 주면서 물었습니다.

"언제 밖에 나가셨습니까? 아니, 밖으로 어떻게 나가셨어요?"

"화장실에 가느라고."

비오 신부님이 에둘러 대답했습니다. 그게 비오 신부님의 첫 대답이었지요. 어떤 일이 일어났는지 나중에 설명해 주셨습니다. 그 이야기를 듣고 파올리노 신부가 말했지요.

"신부님, 그런 일은 일어날 수 없어요. 문이 잠겨 있었거든요."

"아니에요, 아닙니다. 그 문은 열려 있었어요."

"아무도 그 문을 열고 나가지 않았어요. 아순타와 저도 회랑으로 나간 걸 아시지 않습니까?"

한참 옥신각신했답니다. 며칠 후에 그분이 말씀하셨지요.

"사실 무슨 일이 일어났는지 설명하고 싶지 않아서 그 문이 열려 있었다고 말한 겁니다."

그러니까 비오 신부님이 닫힌 문을 통해 밖으로 나가신 것이 분명했고, 또 문이 닫혀 있는데 들어오려고 하신 거랍니다. 하지만 그날 밤에 누구를 만났는지는 말씀하지 않으셨어요.

며칠 동안 비오 신부님은 몸이 불편하신 것 같았습니다. 그분은 수심에 잠겨 있었고 얼굴색이 창백했어요. 파올리노 신부가 여러 번 물었지요.

"무슨 일이 있었습니까? 몸이 안 좋으세요? 편찮으세요?"

처음에는 아무 말도 안 하셨지만 결국 그날 밤 일을 파올리노 신부에게 말씀하셨답니다. 그리고 죽은 그 노인의 이름과 언제 어디서 죽었는지 등을 알아보기 위해서 파올리노 신부를 시청으로 보내셨지요. 시청 직원은 그때 일을 자세히 기억하고 있었습니다.

"네, 수도회에서 죽은 노인이 있었습니다. 4호실에서 불에 타 죽었어요. 이름이 아마 프레콘치였을 겁니다. 그 당시에는 수도원이 불쌍한 사람들을 위한 수용소였답니다. 불쌍한 사람들이 4호실을 썼지요. 그 노인은 침대에서 담배를 자주 피우곤 했는데, 1886년 어느 날 밤 침대에 불이 붙어 그만 타 죽고 말았답니다."

나는 비오 신부님이 산 조반니 로톤도에서 죽은 그 사람과 이야기를 나누었다는 것을 믿어 의심치 않았습니다. 이게 첫 번째 이야기입니다.

연옥에서 온 수련 수사

이제부터 성당에서 있었던 다른 이야기를 해 드리겠습니다. 매일 밤 저녁 식사 후에 모든 수사가 공동 오락 시간을 가졌는데 비오 신부님도 잠깐씩 함께하시곤 했지요. 그 시간 뒤엔 기도실에서 혼자 기도하셨답니다.

어느 날 저녁, 비오 신부님이 경당에서 혼자 기도하고 계셨는데, 성당에서 무슨 소리가 들리더랍니다. 그분은 '학생들이 성당 정리를 하는 중인가 보군.' 했고, 신경을 쓰지 않으셨죠. 그런데 갑자기 와장창 무언가 부서지는 소리가 들렸습니다. 비오 신부님이 일어나서 난간으로 나가 보니, 수도복을 입은 젊은이가 무릎을 꿇고 있었다고 합니다. 비오 신부님은 그에게 가서 큰 소리로 "자네는 누군가?"라고 했답니다.

그 젊은이는 "저는 카푸친회 수련 수사입니다. 연옥에서 왔는데 교회에서 제가 할 일을 게을리했기 때문에 속죄하고 있습니다."라고 하더랍니다. 비오 신부님은 "그렇다면 보속을 엉망으로 하고 있구먼. 초나 부러뜨리고! 자, 이제 돌아가게나. 내일 자네를 위하여 미사를 봉헌하겠네. 이제 자유로워질 거야. 다시는 이곳에 오지 말게."라고 하셨답니다. 수련 수사는 그분께 고맙다고 인사를 했고, 비오 신부님은 성당을 나오셨답니다. 하지만 죽은 사람과 이야기를 나누었다는 사실에 등줄기가 서늘해졌다고 합니다.

그때 에마누엘레 신부가 다가와 말했습니다.

"누구랑 이야기하셨습니까? 제가 아까 제단 난간 가까이에 서 있었거든요. 그런데 신부님이 누군가와 이야기하고 계시더라고요. 저는 너무 겁이 나서 뛰어나왔죠. 누구라도 도와 달라고요."

에마누엘레 신부의 부름을 받고 파올리노 신부가 가까이 왔습니다. 비오 신부님은 몸을 떨면서 "아이 추워, 아이 추워." 하셨고, 파올리노 신부가 무슨 일이 있었냐고 물었습니다. 그분은 "죽은 사람하고 이야기하고 있었다네."라고 대답하셨답니다.

20분쯤 뒤에 비오 신부님이 에마누엘레 신부에게 "촛불 들고 날 따라오게." 하시더래요. 에마누엘레 신부가 "어디를 가는 거죠?"

라고 물었더니 그분은 "그냥 따라와 보라고!" 하셨습니다. 그들은 성당의 제단으로 갔습니다. 비오 신부님이 "제대 위로 올라가 보게." 하셨대요. 에마누엘레 신부가 제대 위로 올라가서, "이제 어떻게 할까요?" 했더니, "제대 뒤를 보게. 거기 부러진 초들이 있지 않은가?" 하시더래요. 그 당시에는 제대에 성 미카엘의 성화가 붙어 있었어요. 신부님은 "제대 뒤에 성 미카엘 액자 밑에 부러진 초들이 있나 좀 보게."라고 하셨습니다.

에마누엘레 신부가 그 아래를 보고는 "네, 큰 초가 몇 개 있는데 다 부러져 있습니다. 또 무엇을 확인해야 하나요?"라고 했답니다. 비오 신부님은 "내려오게. 이제 됐네. 이제 여기서 나가세." 하시고는 성당에서 나오셨답니다.

7. 클레멘테 신부
우리와 함께한 이 시대 성인

    수도사제는 이중의 상급 계열을 따른다. 첫째는 자신의 수도회 조직이다. 그들은 수도원장, 관구장, 총원장에게 속한다. 그리고 교구의 주교(성직자의 직무와 관련된 일에만 관할권을 가질 뿐 회계會計라든가 기도 생활과 같은 수도회 내적인 일에는 관할권이 없다)와 교황청을 따르는데, 교황청에 있는 부서는 물론 교황도 포함된다. 클레멘테 신부는 유례없이 양쪽 기관(수도회와 교계)에서 근무하는 유리한 입지를 가진 사제였다. 카푸친회 사제로서 그는 관구와 세계 총회의 참사 위원이었다. 또한 바티칸의 로마 교황청 세 부서, 즉 수도회성(지금의 '수도회부'), 검사성(지금의 '신앙교리부')과 시성성(지금의 '시성부')의 자문 위원이었다. 앞의 라파엘레 신부 인터뷰에서 내가 언급했던 소란스럽던 때가 바로 클레멘테 신부가 비오 신부와 몇 번 접촉했던 시기였다.

내가 도착하기 바로 전에 소문이 돌고 있었는데, '고통을 덜어주는 집' 카사에 있는 사람들이 수도원에 계신 비오 신부님을 병원에 살게 하려고 한다는 것이었습니다. 이 사람들은 그분이 수도원을 완전히 떠나 카사에서 살기를 바란 거지요. 그게 1962년, 요한 23세가 교황직에 올랐던 해였습니다.

이 소문의 배후가 무엇인지 알기 위해서, 어떤 신부가 비오 신부님이 사람들을 만나는 방에 마이크를 설치하자는 의견을 냈습니다. 비오 신부님을 잃을지도 모른다는 걱정 때문이었던 겁니다. 이 이야기가 로마까지 퍼져 교황청에서도 알게 되었습니다. 교황청에서는 마카리 주교에게 그곳 시찰 임무를 주었습니다.

상황을 알아본 마카리 주교는 자신이 제재를 가하고 싶었던 요점들만 정리해서 교황청에 보고했습니다. 일반적으로 교황청에서는 대표가 보고하는 대로 일을 처리합니다. 마카리 주교는 비오 신부님의 활동을 극도로 제한하는 온갖 규칙을 만들어서 매일 비오 신부님을 압박했습니다. 먼저 미사 일정을 바꾸게 했습니다. 비오 신부님의 미사는, 예를 들어 오늘 5시에 했다면 다음 날에는 5시 반, 그다음에는 6시, 이런 식으로 진행되었는데, 마카리 주교는 이런 규칙을 원치 않았습니다.

마카리 주교는 또 다른 명령도 내렸습니다. 비오 신부님이 고해소에서 나와서 주위를 둘러보거나 사람들과 이야기하면 안 된다는 것이었습니다. 그런데 비오 신부님은 이런 압박과 엄격한 명령을 그대로 다 따랐어요. 한 번도 불평하지 않으셨습니다. 한번은 수도회의 장상이 비오 신부에게 원하는 게 있냐고 물으니 "내가 바라는 것은 여기 있는 다른 카푸친회 수사들과, 더도 말고 덜도 말고, 똑같이 취급해 주시는 겁니다."라고 대답하셨습니다.

요한 23세 교황이 서거하신 후, 1963년 9월 8일, 나는 바오로 6세 교황님께 그곳 시찰 임무를 받고 포지아(산 조반니 로톤도가 속한 관구의 본원)로 갔습니다. 그 당시 산 조반니 로톤도는 검사성 직속이었어요(이런 일은 흔치 않다. 보통 각 수도원은 관구장 직속이다). 관구가 교황청 소속이라면 산 조반니 로톤도와 비오 신부님은 검사성의 관리를 받아야 했습니다. 따라서 나는 교황청에서 파견한 시찰자로서 교황청의 두 개의 부서, 수도회성과 검사성에 속한 셈이었지요.

나를 보낸 이유는 이렇습니다. 내 전임자인 마카리 주교가 여러 가지 이유로 비오 신부를 규제했는데, 바오로 6세 교황께서 '비오 신부를 규제에서 풀어 주라.'고 명령하셨기 때문입니다. 나는 비오 신부님이 아무런 제한 없이 마음 편히 사제 직무를 수행할 수 있게 해 주어야 했습니다.

교황님께서는 비오 신부님이 있는 수도원의 다른 어려움도 알고 계셨어요. 그곳의 학생과 예비 수사들이 모두 다른 관구로 보내졌고, 참사 위원과 관구장도 해임된 상황이었거든요. 그러니까 제 임무는 비오 신부님을 규제에서 풀어 주는 것과 그 관구를 정상으로 회복시키는 것, 두 가지였습니다.

나는 그곳에 가자마자 비오 신부님의 미사 시간 규제부터 풀어 주었습니다. 그분이 원하는 때에 미사를 드릴 수 있게 말입니다. 고해성사 후에 할 수 있는 것과 할 수 없는 것의 규제도 풀어 주었고, 고해성사 후에 사람들과 이야기할 수 있다고도 말씀드렸지요.

또 작은 성당 뒤에 있는 제의실 규제도 풀었습니다. 그분이 고해소에서 나와서 제의실로 가는 길에 사람들과 이야기를 나눌 수 있게 된 것입니다. 나는 교황님께서 비오 신부님이 편하게 생활할 수 있도록 도우라는 분부대로 했습니다. 그분이 사람들을 접견하고 싶을 때는 언제라도, 부인들까지도 만날 수 있게 했습니다. 나는 교황님께 내가 한 일들을 보고했습니다. 그리고 "만약 이분이 고해를 마음대로 줄 수 있도록 허락하신다면, 다른 것들도 허용해 주어야 합니다."라고 말씀드렸습니다.

교황님께서도 "검사성은 비오 신부가 자유롭게 고해성사 주는 것을 문제 삼지 마세요. 그를 범죄자처럼 가두지 마세요. 비오 신부가 언제든지, 누구에게나 고해성사를 줄 수 있게 하세요."라고 말씀하셨습니다. 그러고는 "왜 그분에게 고해성사를 주지 못 하게 했는지 알 수가 없군요."라고 하셨답니다.

요한 23세와 비오 11세 교황 때에도 같은 이유로 비오 신부님에게 제재가 가해졌습니다. 교황님들도 우리와 같은 사람이거든요. 주변에 누가 있느냐에 따라 결정이 달라지는 거예요. 닉슨 대통령과 베트남의 관계 같은 거지요. 그분들이 교황으로서 명령을 내리지만, 그분들이 하는 일은 주위에 있는 자문 위원들에 따른 겁니다. 교황님들은 어떤 형식적인 절차를 따라야 하니까요. 그곳에 비오 신부님의 성성을 믿지 않는 사람들이 있었기 때문에 요한 23세 교황께서는 그 자문 위원들의 말을 듣고 엄한 규제를 내리셨던 겁니다. 다른 사건들도 있었지만, 지금 그 이야기를 모두 다 할 수는 없습니다. 그 이야기를 내가 하는 건 옳지 않을 거예요.

어떤 기고가들이 주장한 것처럼, 비오 12세 교황이 비오 신부의 청빈 서원을 관면해 주었는지 물었다.

아닙니다. 비오 12세 교황께서는 비오 신부님에게 '고통을 덜어 주는 집' 전체를 관리할 권한을 주셨습니다. 여느 수도자들과 마찬가지로 비오 신부님도 청빈 서원을 하셨지요. 교황님이 청빈 서원을 관면하셨다는 건 사실이 아닙니다. 하지만 교황님께서는 "병원의 수입으로 무엇이든 해 보세요."라는 말씀은 하셨습니다. 그러니까 비오 신부님이 "난 그 돈으로 의사에게 월급을 주거나 다른 건물을 지을 수 있어요."라고 말할 수 있었지요. 병원 업무에 있어서는 그 수익금을 사용할 수 있었던 겁니다.

교회는 '어떤 사람을 성인으로 받아들일 것인가?'라는 고민을 2천 년 넘게 해 오고 있다. 교황청에서 시성을 주관하는 시성성 자문위원이던 클레멘테 신부에게 나는 이렇게 물었다(오상이 시성 절차에 중요한 자료로 사용될 것이므로). "비오 신부님의 오상이 '히스테리로 만들어진 집중 반응' 때문이라는 주장을 실은 '미국 의학 협회지' 기사를 어떻게 생각하십니까?"

나는 포지아의 임무를 맡기 전에, 성인의 시성을 취급하는 교황청 시성성 자문 위원이었습니다. 그래서 오상에 관한 주장들을 조사했지요. 조사 결과, 모든 자료가 오상을 히스테리와 관련해서 이야기하고 있다는 걸 알게 되었습니다. 그러나 사람들이 전하는 비오 신부님 이야기는 모두 긍정적이었습니다. 다시 말해서 사람들은 그 오상 또한 히스테리의 결과라고 결론 내리지는 않았던 거죠. 그들도 기사에서 말하는 것처럼, 오상이 히스테리의 결과라고 이야기할 수 있었겠지만 아무도 그렇게 말하지 않았어요. 사람들이 그러지 않았다는 것을 우리는 눈여겨보았습니다.

비오 신부님에게서 히스테리의 징후는 보이지 않았습니다. 히스테리인가 아닌가를 알 수 있는 징후가 따로 있거든요. 그러나 그분에게는 아무런 징후도 없었어요. 어떤 사람의 히스테리를 말할 때는 증거가 있어야지, 그냥 그렇다고 말할 수는 없는 거죠.

어떤 글쟁이가 비오 신부님의 오상이 히스테리 때문이라고 우길 수는 있겠지요. 하지만 진실이 그렇지 않습니다. 당신에게 이보다 더 자세히 대답할 방법을 모르겠군요. 뉴욕에 가서 그 기고가에게 이렇게 말하세요.

"왜 비오 신부님을 그렇게 평가하는지 말해 보시오. 왜 그렇게 말하는지 알아야겠소."

그들이 그러는 대로 내버려 두어서는 안 됩니다. 왜 그렇게 평가하는지 알아야 합니다. 그래야 우리가 대답해 줄 것 아닙니까? 진실을 알고 있는 우리가 비오 신부님을 지켜 드려야지요.

그분은 여느 사람과 똑같았어요. 보통 사람들이요. 어떨 때는 심하게 말씀하시지만, 농담도 하시고 잘 웃으셨어요. 어떤 사람들은 비오 신부님이 정상적이지 않은 생활을 했기 때문에 그럴 수도 있다고 억측할지도 모르겠어요. 예를 들자면, 그분의 식습관을 들먹일 수가 있겠군요. 그분은 정말 조금 드셨거든요. 너무 적게 드셔서 나는 늘 더 드시게 하고 싶었어요. 그럴 때마다 그분은 "나는 더 못 먹겠소."라고 하셨어요. 또 40도가 넘는 고열이 여러 번 났어요. 열이 너무 높아서 체온계가 고장이 났을 정도였으니까요.

이런 일들이 많은 사람에게 자주 일어나는 일은 아니지요. 그리고 비오 신부님은 멀리서 일어나는 일을 정확하게 알아맞히기도 했어요. 하지만 그렇다고 해서 이것들이 히스테리를 만들어 내진 않습니다.

비오 신부는 자신이 선종하기 얼마 전에 바오로 6세 교황에게 편지를 보냈다. 회칙 〈인간 생명 *Humanae Vitae*〉에 감사하고 교황에게 완전한 순종을 고백하는 내용이었다. 세계적으로 회칙에 대한 비난의 소리가 높을 때 비오 신부의 편지가 교황에게 얼마나 큰 위로가 되었겠는가? 비오 신부가 편지를 썼을 때 클레멘테 신부가 어떤 역할을 했는지 물었다.

어떻게 해서 그 편지를 쓰게 되었는지 말씀드리겠습니다. 나는 그때 로마에 있는 수도회 총원의 참사 위원이었습니다. 그런데 총원장이 바오로 6세 교황을 알현할 예정이었거든요. 내가 산 조반니 로톤도의 수도원장인 카르멜로 신부에게 혹시 비오 신부님이 교황님께 특별히 하실 말씀이 있는가 여쭈어보라고 했지요. 내가 직접 가지고 가려고요.

비오 신부님은 구두로 말씀하셨고, 카르멜로 신부가 편지를 썼어요. 카르멜로 신부는 비오 신부님이 여든 살이 넘으셨다는 것을 의식하고 있었고, 또 그분의 마음을 잘 알고 있었거든요. 비오 신부님은 "교황님께 이런저런 말씀을 드리게." 하시고는 그 내용에 서명을 하셨답니다.

우리가 교황님을 알현하기 전에 비오 신부님이 돌아가셨습니다. 나는 그 편지를 바티칸의 국무성(지금의 '국무원') 장관에게 가져갔습니다. 며칠 후에 그 편지가 교황청 기관지 〈로세르바토레 로마노〉에 실렸지요. 그 편지는 대단히 주목할 만한 것이었습니다.

비오 신부님이 장상들에게 항상 순종해 왔다는 것을 그 편지가 보여 주고 있으니까요. 비오 신부님이 그 편지에 쓴 것은 그분이 일관되게 지킨 입장이었습니다. 그분은 고해자들이 회칙 〈인간 생명〉에서 교황님이 제시한 자연법적인 산아 조절을 따르지 않고 있다는 사실을 알게 되면, 그들을 그냥 되돌려 보내셨습니다. 그분은 교황님께 항상 순종하셨으니까요. 그분은 사제들에게 이렇게 말씀하시곤 했답니다.

"나처럼 행동하지 말아요. 당신들은 나처럼 행동할 필요가 없어요. 그러나 교회의 윤리 규범들은 꼭 따르세요. 그리고 아무 이유 없이 사람들을 되돌려 보내지 마세요."

그분이 사람들을 그냥 돌려보낸 것은 그들이 다시 생각하여 회개하고 고해하게 하려는 것이었답니다. 그 사람들은 뉘우치고 다시 돌아와서 고해성사를 했습니다. 내가 그들과 이야기해 봤는데, 다시 왔을 때는 이전과는 다른 사람이 되어 있더군요. 내 말은, 비오 신부님이 사람들을 그냥 되돌려 보낸 것은 하느님이 그분에게 사용하라고 영감을 준 하나의 도구였던 겁니다.

비오 신부님은 그분을 만난 사람들의 기억 속에 살아 계십니다. 그분을 한 번도 만난 적이 없는 사람들도 그분의 이야기를 책으로 읽을 수 있고 그분의 사진을 볼 수 있습니다. 그분을 좀 더 잘 알고 싶은 사람들은 《서간집》을 꼭 읽어 보길 바랍니다. 비오 신부님의 영혼과 평판, 인격을 간접적으로나마 만날 수 있을 것입니다.

그분은 위대한 성인이셨기 때문에 사람들이 기억할 거라고 생각합니다. 그분은 거룩한 삶을 사셨습니다. 살아 계신 동안 하신 일은 전 세계에 영향을 미쳤습니다. 이 세계에는 비오 신부님이 필요하다고 생각합니다.

8. 아우렐리오 신부
비오 신부의 젊은 시절

아우렐리오 신부는 1916년부터 1968년까지 비오 신부를 알고 지냈다. 이렇게 오랜 시간 비오 신부를 알고 지낸 것은 큰 선물이 아닐 수 없다. 물론 이런 특전을 입은 사람은 별로 없다. 아우렐리오 신부가 중학교에 해당하는 소신학교 학생 때, 그의 영적 지도 신부가 바로 비오 신부였다. 나는 그에게 젊은 사제로서 비오 신부가 어땠는지 이야기해 달라고 했다.

우리를 매료시킨 성소 이야기

비오 신부님은 정말 솔직하고 관대하셨습니다. 나는 1916년부터 1918년까지 신학생이었고, 그분은 학생 지도 신부님이었지요. 그분과 함께하는 수업은 사실 수업이라고 할 수 없었어요. 정식 교사가 아니었든요. 때로는 시험도 생략하셨답니다. 그분은 우리가 무슨 짓을 해도 관대하게 받아 주셨어요. 우리가 하고 싶은 일은 뭐든지 다 하게 하셨어요. 엄격한 재판관이 아니셨지요.

우리는 토요일마다 그분과 상담했습니다. 가끔 자신의 성소 이야기를 해 주셨어요. 신부님의 성소 이야기를 들으면서 우리는 카푸친회에 애착을 갖고 매료되었습니다. 우리가 당신을 따르게 만드셨어요. 그분은 기도를 많이 하셨기 때문에 수도 성소를 갖게 될 것을 어렸을 때부터 알고 계셨다고 했어요. 다른 아이들이 놀고 있는 동안 홀로 뚝 떨어져서 기도를 하셨대요. 그분은 미사와 기도를 드리는 게 좋았다고 하셨어요. 어린 시절 이런 행동들이 그분의 성소를 완성한 것입니다.

그분은 매번 신학 강해를 학생들에게 읽어 주셨습니다. 독서대에 서서 20분 정도 읽으셨는데 참 아름다운 시간이었지요. 우리가 성소를 강하고 순수하게 지켜나가도록 영감을 주셨어요. 그런데 그 강해록들이 분실되었어요. 불행한 일이죠. 정말 아름다웠는데 말이에요. 그분은 오상을 받은 후에 마지막 강해를 읽어 주셨습니다. 그때 어깨에 망토를 걸치고 계셨는데 망토 끝으로 손을 감고 계셨지요. 그래서 오상이 눈에는 띄지 않았어요. 아무것도 못 봤습니다. 하지만 내가 그분 방에 갔을 때 침대가 피로 젖어 있었어요. 그것은 그분이 오상을 갖게 된 며칠 후였습니다.

그분은 아버지처럼 이해심이 많으셨습니다. 그런데 단 하나 예외가 있었지요. 학생들이 성당에서 이야기하는 것에는 대단히 엄격했어요. 유일하게 견디지 못하는 것이었죠. 그러나 다른 것들은 언제나 눈을 감고 못 본 체하셨어요. 다른 일로는 우리를 책망하지 않으셨답니다.

우리는 그분의 성성보다 인간애에 감동했습니다. 서품을 받은 후에는 사제로서 그분과 함께 생활했지요. 그분은 거룩한 분이었어요. 그러나 우리에게 그런 매력은 상대적이었고, 그것을 대단하게 생각하지 않았습니다. 이미 그분에게서 동정심, 자비심, 그리고 이해심을 발견했기 때문에 그분을 찾아가곤 했던 겁니다. 그분에게는 사람을 끄는 어떤 힘, 매력이 있었어요.

영적 순결로 이어지는 겸손과 희생

내가 하지도 않은 일로 중벌을 받았던 일이 떠오릅니다. 이런 이야기는 좀 쑥스럽지만, 나는 방에 갇혀 있었어요. 그런데 그분이 매일 밤 내 방에 오셔서 나를 위로해 주셨지요. 벌을 받아서 울적한 저를 위로해 주시려고 새벽 한두 시까지 함께 머물러 주셨습니다. 사실 그것은 수도원 규칙을 어기는 일이에요. 다른 사람 방에는 자정까지만 머물러야 한다는 규정이 있었으니까요. 그 시간이 지나면 제재를 받아야 했어요. 어쨌든 파올리노 원장 신부님이 그 시간에 우리가 함께 있는 모습을 보고 화를 낼 거란 생각을 한 후에야 내 방을 떠나셨답니다.

그분은 이해심도 많았습니다. 제1차 세계 대전 중에는 먹을 것이 없었어요. 그래서 우리는 수도원 식당에서 빵이나 다른 먹을 것들을 몰래 가져오곤 했지요. 비오 신부님은 그걸 아셨지만, 문제 삼지 않고 그냥 두셨어요. "그냥 가져가."라고 말씀하진 않으셨지만, 우리가 무슨 짓을 하는지는 다 알고 계셨고, 그에 대해서 아무 말씀도 안 하셨답니다.

비오 신부님의 영적 순결은 겸손과 희생으로 이루어졌다고 말하고 싶군요. 그분은 모든 걸 남과 나누고 자신을 위해서는 아무것도 지니지 않으셨습니다. 그분과 함께 식당에 갈 때도 있었는데, 음식이 충분하지 않아서 우리끼리 다투는 일이 빈번했어요. 비오 신부님은 그런 우리를 달래 주시면서 당신의 음식을 전부 다 우리에게 주시곤 하셨습니다. 그분은 아무것도 드시지 않았어요. 또 방에 사탕이나 과일이 있으면 우리를 데리고 가서 먹게 하셨습니다. 우리가 사제가 되고 난 뒤에 이렇게 말씀하시곤 했습니다.

"여기에는 먹을 게 좀 있으니, 사람들에게 나누어 주게."

비오 신부에 대한 가장 생생한 기억을 나누어 달라고 했다.

비오 신부의 축복이 없던 밤

이건 정말 개인적인 얘긴데요. 내가 중학생 때 있었던 일입니다. 우리는 매일 밤 축복을 받으러 비오 신부님께 갔습니다. 낮에 못되게 군 놈들은 맨 나중에 가서 특별 축복을 받았습니다. 그 때문에 큰 곤욕을 치른 적이 있습니다.

관구장인 베네데토 신부님의 조카 나르델로는 엄청난 말썽꾸러기였어요. 그해에 내가 반장이었는데 나는 항상 그 아이를 존중했어요. 하지만 그날은 그 아이의 나쁜 행동 때문에 화가 많이 나서 크게 소리를 쳤어요.

"너는 오늘 다른 사람을 괴롭혔어. 비오 신부님께 맨 나중에 가서 특별 축복을 받으라고!"

하지만 그 아이가 "난 벌써 축복받았어." 하고 당당하게 대답하는 겁니다. 내가 "넌 창피한 줄도 몰라?"라고 말했어요. 그때 나는 그렇게 소리 지르는 것이 내 의무라고 생각했습니다. 그런데 비오 신부님께서 안에 계시다가 우리 소리를 듣고 나오시더니 "누가 이렇게 소리를 지르는 거냐?"라고 하셨지요. 다른 아이들은 나를 가리켰습니다. 비오 신부님은 "이게 훌륭한 본보기가 되는 길이냐?"라며 나를 나무라셨습니다. 나는 축복도 받지 못한 채 내 방으로 들어가야 했습니다.

비오 신부님은 매일 밤 아이들이 자는 방에 들러서 살펴봐 주시고 문을 닫아 주셨습니다. 그날 비오 신부님은 내 방 앞에 오셔서 "너에게 내가 해 줄 말이 있다." 하시면서 충동적으로 하는 행동이나 말은 후회를 남길 거라고 하셨습니다.

그날 밤 나에게 무서운 일이 일어났어요. 누군가가 내 방에 온 거죠. 믿을 수 없었지만 그것은 마귀였어요. 난 잠옷만 입고 침대 위에 앉아 있었어요. 너무 무서워서 몸이 굳어 버렸죠. 이놈의 입 냄새는 정말 고약했어요. 나는 새벽까지 그놈에게 저항했습니다. 그놈이 내 침대 옆 탁자에 놓여 있던 유리로 된 성모상을 깨뜨렸어요. 성모상을 마룻바닥에 던져서 산산조각이 난 거예요. 나는 망연자실했고, 꼼짝도 할 수 없었습니다.

아침에 눈을 뜨자마자, 잠옷을 입은 채로 비오 신부님의 방문을 두드렸습니다. 그분이 "어쩐 일인가?" 하시더라고요. 나는 울면서 말했어요.

"이곳에서 나가고 싶습니다. 집에 가고 싶어요. 지난밤에 마귀 때문에 죽는 줄 알았어요. 제가 마귀를 봤다고요."

"걱정하지 말고, 여기 들어와서 내 침대에서 좀 더 자렴."

비오 신부님은 나를 다독이셨습니다. 그분은 복도를 왔다 갔다 하셨어요. 다른 학생들이 일어날 시간이었거든요.

아침 8시가 되자 그분이 나를 깨우셨습니다. 나는 다시 "신부님, 저는 여기 있고 싶지 않습니다. 마귀를 봤어요."라고 했습니다.

비오 신부님이 말씀하셨습니다.

"그건 하느님께서 네 잘못을 일깨워 주고자 하신 거란다. 네가 진짜 마귀를 만나지 않은 것을 다행으로 알아라. 너는 어제 내 축복을 받으러 오지 않았지? 자, 내 축복을 받지 않으면 무슨 일이 벌어지는지 알았기를 바란다."

그리고 그분은 저에게 이렇게 약속하셨어요.

"이제부터는 네가 잠자리에 들기 전에, 내가 매일 밤 너를 축복해 주마. 멀리서라도 해 줄게."

이것은 정말로 있었던 일입니다. 비오 신부님은 이 일을 내가 잊지 않길 바라셨던 거예요. 그때 이후로 나는 그 방에서 자지 않았어요.

마귀들의 장난

그때 남학생 여덟 명이 머물던 기숙사는 지금 공문서 보관실로 사용하고 있어요. 비오 신부님은 이 기숙사에서 우리와 함께 지내셨답니다. 그분 침대는 창문 옆에 있었죠. 침대에는 커튼이 둘러쳐 있었는데 굵은 쇠막대에 걸려 있었지요.

그날 밤에 엄청난 일이 벌어졌어요. 학생들은 기숙사에서 늘 떠들었어요. 비오 신부님은 우리를 전혀 통제하지 못하셨고요. 어느 날 밤, 그분이 우리에게 말씀하셨습니다.

"원장 신부님에게 너희를 조용히 시키라는 말을 듣지 않게 좀 해 다오. 내 꼴이 사나워지지 않게 해 주렴. 오늘은 제발 한마디도 하지 말고 잠들길 바란다."

우리는 "그럴게요, 신부님. 오늘은 떠들지 않고 조용히 잠들겠습니다."라고 했지요.

그런데 아침에 우리가 일어나 보니, 비오 신부님의 침대가 완전히 엎어져 엉망이 되어 있더라고요. 커튼과 쇠막대도 곱슬머리처럼 휘어져 있었습니다. 막대가 손가락 두께였는데, 막대 전체가 휘어서 구부러져 있는 겁니다. 우리는 정말 겁이 났습니다.

비오 신부님께 간밤에 무슨 일이 있었느냐고 물었죠. 그분은 "너희가 조용히 하겠다고 내게 약속하자, Barbablu(비오 신부가 마귀를 이야기할 때 쓰는 말)가 오더니 모든 걸 엉망으로 만들어 놓더구나."라고 하셨습니다. 그리고 "하지만 이건 아무것도 아니야. 요란 떨 것 없다."라고 하셨어요. 그러고는 나중에 그것을 다시 펴서 제자리에 붙여 놓았답니다.

9. 모데스티노 수사
고통 중에도 유머를

산 조반니 로톤도의 수도원 접수창구인 안내소는 하나의 교차로이다. 그곳은 비오 신부님이 성당에서 수도회로 갈 때마다 길에 서 있는 사람들과 만나는 곳이었다. 열광적 추종자들이 그를 보려고, 그의 손에 입 맞추려고, 그에게 간단하게나마 질문을 하려고, 그의 축복을 받으려고 그곳에 줄 서 있었다. 방문객들 대부분이 그 안내소에서 신부님을 기다렸을 것이다. 거기에서 거의 종일 근무한 사람은 카푸친회 모데스티노 수사였다. 그는 어떠한 상황에서도 동요하지 않고 항상 웃으면서 우직하게 일했고, 신앙심이 깊었을 뿐만 아니라 박식했다. 내가 모데스티노 수사에게 비오 신부 이야기를 부탁했을 때 그는 비오 신부의 상반된 두 가지 모습, 고난과 유머 감각이 조화를 이루고 있는 모습을 이야기해 주었다. 비오 신부가 고통스러운 순간만 보냈다면 그는 아마 정신병자가 되었을지도 모른다. 조화로운 비오 신부의 모습이 사람들에게는 평범한 수사 중 한 명으로 보이게 했을 것이다.

비오 신부님은 정말 인간적이었습니다. 또 대단한 유머 감각을 가지고 계셨죠. 1944년에 서른 명 정도 되는 사람들이 비오 신부님을 만나려고 기다리고 있었습니다. 그분을 기다리면서, 모두가 그분 손에 입을 맞추려고 벼르고 있었죠. 다들 문 쪽을 바라보며 "우리부터 소개해 주세요.", "아니, 우리부터 소개해 주셔야죠." 하고 있었습니다.

그러나 비오 신부님이 문을 열자, 모두 무언가에 홀린 듯 꼼짝을 못 하더라고요. 다들 한마디도 못 하고 입만 벌리고 있었어요. 그 모습을 본 비오 신부님이 환하게 웃으며 "맛있게 드세요!"라며 농담을 하시고 다시 나가셨어요. 문이 닫히자 사람들은 다시 움직일 수 있었지요. 그리고 서로를 바라보면서 "이게 어떻게 된 일이죠? 아까는 움직일 수가 없던데요?" 하더군요.

또 한번은, 비오 신부님이 제의실에서 나와서 성당으로 가시는데, 어떤 부인이 가까이 오더니 "거룩한 신부님holy Father이 어디 계십니까?" 하고 물었답니다. 비오 신부님은 "교황님Holy Father은 로마에 계십니다."라고 대답하시고는 그 부인과 함께 문 쪽으로 걸어가셨답니다. 그분이 수도원으로 들어가시자 그 부인이 내게 비오 신부님은 어디 계시냐고 묻는 거예요. 나는 웃으면서 "방금 그분과 말씀 나누셨잖아요."라고 대답했죠.

비오 신부님은 이런 유머 감각을 갖고 계셨지만, 통증 때문에 늘 고통스러워하셨어요. 옆구리의 상처 때문에 기침마저도 시원하게 하지 못하셨지요. 내가 직접 그분의 속옷을 챙겨 드렸는데 어깨에 십자 형태의 피가 묻어 있었어요. 플라치도 신부님도 그분 어깨의 상처를 증언했지요. 아주 검은 멍도 여러 군데 있었어요.

1967년 5월 5일에, 펠레그리노 신부님이 땀이 흐르는 비오 신부님의 얼굴을 닦아 드렸는데, 그분의 수건에서는 땀 냄새가 아닌 피 냄새가 나더랍니다. 그 신부님은 땀 닦은 손수건 열한 개를 모아서 오노라토 신부님에게 보관하라고 주셨고, 그분이 날짜와 이름을 써서 손수건을 비닐 봉투에 담았지요. 그중에 피 묻은 손수건이 세 개가 있었는데, 하나는 핏자국이 매우 컸어요. 또 다른 하나에는 약간의 핏자국만 있었고, 나머지 하나에는 25센트짜리 동전만 한 핏자국이 세 군데 있었는데 비오 신부님의 피눈물 세 방울이 생각나더라고요. 비오 신부님이 이런 말씀을 하신 적이 있거든요.

"세상에, 눈이 어찌 이리도 아픈지. 3년 동안 나는 눈을 감을 수가 없었다네. 눈을 감고 잠 좀 자고 싶구먼."

비오 신부님은 우리 영혼을 인도하기 위해서 이 고통을 고스란히 받으신 겁니다.

10. 마르첼리노 신부
비오 신부의 마음 읽기

마르첼리노 신부는 산 조반니 로톤도의 수도원에서 비오 신부와 함께 수도 생활을 했다. 비오 신부의 가장 뛰어난 재능이 무엇이라고 생각하느냐는 질문으로 인터뷰를 시작했다.

비오 신부님은 자신을 알게 되는 사람들을 위해서 기도하셨습니다. 또 사람의 마음도 잘 읽어 내셨답니다. 내 마음도 두 번이나 읽으셨지요. 하지만 너무 개인적인 것이어서 전할 수가 없군요.

내가 밀라노의 한 병원에 원목 신부로 있을 때, 식도암에 걸린 어떤 이에게 성체를 영해 주곤 했습니다. 나는 가끔 그 사람과 시간을 보냈는데, 그가 산 조반니 로톤도에 비오 신부님을 만나러 간 이야기를 해 주었습니다.

그가 수도원을 찾았을 때는 시에스타(낮잠) 시간이었습니다. 초인종을 누르고 비오 신부님을 만나고 싶다고 했더니, 지금 방에 계시지만 만날 수 없다고 하더랍니다. 실망이 컸는데 다른 안내자가 신부님을 만날 수 있도록 복도에서 기다리게 해 주었다는군요. 하지만 그는 성당으로 가시려고 나오는 비오 신부님을 알아보질 못했답니다. 낯선 이를 본 비오 신부님이 먼저 말을 걸었습니다.

"제가 도와드릴 일이 있습니까?"

"비오 신부님을 뵙고 싶습니다."

"내가 비오 신부입니다만, 당신은 깨끗한 사람이 아니군요. 깨끗해질 마음의 준비도 돼 있지 않습니다. 그만 돌아가세요."

그는 신부님의 말에 너무 당황해서 화를 냈다고 합니다.

"저는 당신을 성인이라고 생각했습니다. 그러나 알고 보니 굉장히 무례하군요."

그 말에 신부님은 "가서 죽을 준비나 하세요."라고 하셨대요.

그 사람은 그렇게 돌아왔고, 3개월 후에 목에 암이 있다는 것을 알게 됐습니다. 의사들이 당장 수술을 해야 한다고 말했답니다. 그는 다시 산 조반니 로톤도로 가서 하느님과 화해할 준비를 하고 고해성사부터 했다고 합니다. 그의 죄 고백을 들은 비오 신부님은 "수술하면 안 됩니다. 절대로 손대지 마세요. 수술하면 당신은 바로 죽을 겁니다."라고 하셨대요. 그 사람은 비오 신부님의 말씀대로 수술하지 않고 8년이나 더 살았습니다. 죽음을 맞이했을 때 그는 이미 비오 신부님의 친구가 되어 있었지요. 그 사람이 이렇게 말했습니다.

"비오 신부님은 나에게 두 가지 기적을 보여 주셨습니다. 나를 8년이나 더 살게 하셨고, 다른 하나는 내가 하느님께로 회심하도록 이끌었다는 겁니다. 그것이 그분이 보여 주신 가장 큰 기적입니다. 그분은 내게 하느님께 대한 믿음을 주셨습니다."

11. 제라르도 신부
고난의 가치

 산 조반니 로톤도에 거주하는 제라르도 신부는 비오 신부의 시복과 시성을 위한 부청원자였다. 그는 비오 신부의 오상, 동시에 두 장소에 나타나는 것, 그 외 여러 기적과 같은 그의 카리스마적 은사들과 관계없이 그분의 내적 영성 생활을 더 의미 있게 바라보았다.

 비오 신부를 만날 수 있는 행운을 얻지 못한 사람들에게 비오 신부의 존재가 왜 중요한지 제라르도 신부에게 물었다.

비오 신부님을 알지 못하는 사람들에게는 그분이 중요하지 않을 겁니다. 하지만 그분을 알고 싶어 한다면, 그분의 사명과 인격, 하신 말, 한 일에 관심을 가지게 될 것입니다. 믿음은 들음에서 오고 들음은 그리스도의 말씀으로 이루어진다는 바오로 사도의 말씀처럼 말입니다(로마 10,17 참조).

우리가 좀 더 영감을 얻기 위해서는 비오 신부님의 사도직, 말하자면 자선 행위와 그분의 신비스러운 삶을 구별해야 합니다. 그 신비스러운 삶은 '세상을 위하여 고난을 받는 일을 기쁘게 생각한다'는 말씀을 비유적으로 사용해 설명할 수 있을 겁니다(콜로 1,24 참조). 그렇지 않으면 우리의 고난은 가치가 없습니다. 유일하게 고난을 설명할 수 있는 것은 예수님과의 일치입니다. 비오 신부님은 예수님께 자신을 희생 제물로 바친 것이지요. 물질주의가 만연한 이 시대에 비오 신부님은 예수 수난의 증표이십니다. 비오 신부님은 복음에서 이야기하는 고난과 부활의 핵심입니다.

12. 에우세비오 신부
선명하게 기억하는 그분의 오상

에우세비오 신부는 5년 동안 비오 신부와 함께 살았다. 비오 신부가 늙고 쇠약할 때, 에우세비오 신부는 그를 돌봐 드릴 수 있는 특혜를 받은 몇 안 되는 수도자 중 하나였다.

5년 동안의 경험을 어떻게 몇 마디로 표현하겠습니까? 나는 비오 신부님과 가까이 지낸 사람입니다. 내가 그분을 돌봐 드리고 그 방을 지켰지요.

산 조반니 로톤도에 오기 전에 나는 그분의 성성을 믿지 않았어요. 내 의심은 오상이 아니라 성성이었죠. 난 오상과 그것이 같다고 생각하지 않습니다. 그분의 성성에는 확신이 없었어요. 그 당시에 비오 신부님은 사제 직무를 수행할 수 없었고 많은 사람이 나쁘게 말했기 때문에 나는 무엇을 믿어야 할지 몰랐습니다.

나는 내가 경험하기 전에는 다른 사람의 말을 따르지 않습니다. 그래서 비오 신부님이 누구인지 직접 봐야 한다고 생각했습니다.

나는 줄곧 영국에 있었습니다. 그런데 이탈리아로 돌아오니 관구장 신부님이 날 산 조반니 로톤도로 보내더군요. '그래, 거기로 가자!'라는 생각에 조금 들떴습니다. 드디어 비오 신부님을 만날 수 있었으니까요. 그분이 정말로 성인이신지 아닌지 알고 싶었습니다. 그래서 나는 직접 시험을 했죠. 염탐하려 했던 거죠. 그분이 어떤 분인지 알게 될 좋은 기회였습니다. 그분의 기도 생활, 사람의 마음을 읽는 것, 사람들의 질문에 대답하는 방식을 내 눈으로 직접 보았어요. 그리고 믿게 되었습니다. 비오 신부님이 성인이심을 확신합니다.

오상은 수없이 많이 봤습니다. 그분 바로 앞에 있었으니 상처를 분명하게 볼 수 있었죠. 또 신부님이 끼고 있던 장갑 위로 피가 스미는 것도 여러 번 보았어요. 그것은 의심할 여지가 없지요. 매일 아침 화장실과 그 방에서 피딱지를 봤어요. 상처를 씻으실 때마다 많이 아파하셨어요. 피딱지를 치우기는 하셨지만 떨어뜨리지 않을 수는 없었겠죠. 피딱지 크기를 자로 재어 보지는 않았어요. 그리고 적어도 내가 그곳에 있을 때는 피를 많이 흘리진 않았습니다. 상처가 생기고 얼마 안 됐을 때는 피가 많이 흘렀답니다. 하지만 그걸 본 적은 없어요. 내가 그곳에 머문 것은 1960년부터 1965년이었으니까요. 매번 수건 서너 개가 피로 흠뻑 젖는다고 생각해 보세요. 얼마나 많은 양이었겠습니까?

가슴에 난 상처에 대해 할 말이 있습니다. 어느 날 비오 신부님이 넘어지셨어요. 마귀가 떠민 거죠. 하여튼 그런 거였어요. 우리가 그분을 발견했을 때 온통 피투성이였답니다. 내가 보았습니다. 그분은 침대에서 떨어진 것이라고 말씀하셨지만 사실은 그게 아니었어요. 마귀 들린 여자가 거기 있을 때였는데, 마귀가 그녀의 입으로 자기가 비오 신부님을 떠민 거라고 했습니다.

비오 신부님을 치료하기 위해 의사를 불렀어요. 내가 비오 신부님이 속옷을 갈아입으시는 걸 도와드린 유일한 사제였습니다. 옆구리에 난 상처를 본 것은 그때였지요. 가슴에 난 상처의 긴 부분, 가로로 난 것은 10cm 정도 되었는데 내 새끼손가락 길이 정도였습니다. 그것을 가로질러 작은 상처가 왼쪽에서 오른쪽으로 비스

듬히 나 있었어요. 피가 묻어나지도 않고 흐르지도 않았지만 찢어진 상처였어요.

돌아가시자마자 그분의 몸을 촬영한 사진을 보았어요. 처음 사진에서는 옆구리에 상처가 보였어요. 다음 사진에는 상처가 더 작고, 또 다음 사진에는 더 작았는데, 마지막 사진에서는 아무것도 안 보이는 겁니다. 신기한 일이죠.

비오 신부의 성격이 어땠는지 궁금했다. 정말로 히스테리가 있는지, 있다면 그것이 오상의 원인이 될 가능성이 있는지 물었다.

비오 신부님의 성격이 히스테릭하였는지 정확하게 알기 위해서 많은 의사가 왔었는데 그들은 결국 그렇지 않다고 결론을 내렸습니다. 그들은 이탈리아에서는 유명한 전문의들이지요. 나중에는 그들이 비오 신부님의 친구가 되었습니다. 비오 신부님에게 문제가 있었다면, 그들이 친구가 될 수 있었겠습니까?

또 한 가지 말씀드릴 것은, 가톨릭 신자가 아닌 의사들도 꽤 있었다는 겁니다. 그들은 비오 신부님 인품에 감명받았기 때문에 그분과 가까이 지낸 거죠. 오상이나 성성 때문이 아니라 그분의 인품 때문에요.

만일 어떤 사람이 히스테릭하다면, 그는 몇몇 히스테리 증상을 보이게 마련입니다. 히스테릭한 사람은 상대방을 바라보는 태도, 말, 행동 등에서 보통 사람과 많은 차이를 보이죠. 가끔은 웃음거리가 되기도 하고요. 그런데 비오 신부님은 그렇지 않았어요. 오상이 히스테릭한 성격 때문이었다면 상처가 아주 얕았을 거예요. 히스테릭으로 그렇게 깊은 상처는 생길 수가 없어요. 오래갈 수도 없고요. 비오 신부님의 상처는 오래갔습니다.

에우세비오 신부가 본 가장 놀라운 현상은 어떤 것이었느냐고 물었다.

나는 많은 걸 보았습니다. 그리고 그분이 어떻게 사셨는지 자주 되돌아봅니다. 기적이라든가 그런 게 아니라 그분이 사신 삶 말입니다. 기적은 다른 성인의 삶에서도 볼 수 있지요. 그러나 비오 신부님은…… 아침 일찍부터 밤늦도록 그분과 함께 생활해 보셨어야 하는 건데 안타깝습니다. 그래야 그분이 어떤 삶을 사셨는지 알 수 있지요.

그분은 아침에 아주 일찍 일어나서, 상처를 닦고 묵주 기도를 시작하셨어요. 그리고 묵상하셨습니다. 그 후에는 미사를 드렸습니다. 돌아가실 무렵에 미사가 짧았어요. 겨우 반 시간이었죠. 그러나 기력이 좋았을 때는 미사가 두 시간까지 걸렸어요. 미사 후에는 몇 시간이나 고해성사를 주셨어요. 나도 고해소에서 꽤 오랜 시간을 보낸 적이 있었지만, 사람들이 내게는 그저 고해만 하러 왔습니다. 그러나 그분에게는 고해만 하러 오는 게 아니라 온갖 문제를 다 가지고 왔답니다. 입원해야 할까요? 수술해도 될까요? 이 직업을 버리고 다른 직업을 가질까요? 그분은 항상 한 사람 한 사람에게 성실하게 대답해 주셨고 침착하셨습니다. 이런 일이 얼마나 어려운지 나는 압니다. 왜냐하면 고해 신부는 고해자 한 사람 한 사람에게 집중해야 하기 때문이죠.

고해를 주시고 나면 위층으로 올라가십니다. 층계를 올라가거나 복도를 지나갈 때도 사람들이 몰렸습니다. 사람들은 항상 뭔가를 얻으려고 했어요. 간혹 대답을 안 할 때도 있지만 보통은 묻는 말에 꼭 대답해 주셨어요.

"네, 아니오, 이것은 그만두시오, 다른 것을 가지시오, 거긴 가지 마시오."

어떻게 그렇게 명확하게 답해 줄 수 있었을까요? 만약에 내가 그렇게 말했다면, 사람들은 나를 미친놈이라고 생각할 겁니다.

또 한 가지는, 같은 질문이라도 다른 사람이 하면 대답이 달라진다는 겁니다. 이것은 참 중요합니다. 이 사람에게 좋은 것이 다른 사람에게는 좋지 않다는 뜻이니까요. 그분은 "자, 생각 좀 해 봐야겠는데요."라는 말은 안 하십니다. 언제든 답을 해 주시는 거죠. 그렇다고 비오 신부님이 항상 하느님의 영감을 받았다고 말하는 것은 아닙니다. 내 말은, 내가 비오 신부님을 의심했던 것과 같은 실수를 저지르지 못하도록 하느님께서 늘 그분과 함께하셨다는 것입니다.

그분의 식사는 너무 형편없었습니다. 어떻게 그렇게 드시고 살 수 있는 건지, 마카로니 한쪽에 조그마한 생선 한 토막 그 이상은 아무것도 안 드셨습니다. 그것이 하루 동안 그분이 드신 음식 전부였습니다. 영양을 제대로 섭취하실 수 없었죠.

잠자리에 들어서는 묵주 기도를 소리 내서 바치곤 하셨답니다. 그러고는 새벽 1시나, 1시 반, 또는 2시에 일어나셨죠. 얼마나 기도를 많이 하셨는지 모릅니다. 게다가 미사를 드리는 정성 또한 이루 말할 수 없었어요. 그분은 우리가 영성 생활을 더 잘할 수 있도록 깨우쳐 주는 말씀을 더해 주시곤 했습니다.

내가 비오 신부님을 주제로 강의할 때, 오히려 그분 이야기를 많이 하지 않습니다. 물론 사람들은 비오 신부님의 여러 가지 이야기를 듣고 싶어 하지만, 그러한 이야기는 비오 신부님의 일부분에 불과합니다. '하느님을 돕기 위해서 우리가 왜 고통을 당해야 하는가?'라는 물음에 그분은 이렇게 답하십니다.

"하느님은 우리가 당신께로 향하고, 우리 영혼을 당신께 봉헌하길 바라고 계십니다. 그렇기에 우리가 신앙으로 인해 고통을 당해도 하느님의 그 뜻을 거역해서는 안 됩니다. 하느님은 우리의 고통에서 가치를 보시기 때문에 우리는 그것을 받아들여야 합니다."

우리가 이런 신학적인 표현을 완벽하게 이해하기는 어렵습니다. 비오 신부님은 나를 변화시켜 주신 분입니다. 그분 안에는 하느님의 자리가 매우 컸습니다. 그것은 사제로서 사람들을 하느님께로 인도하는 모습에서 드러납니다. 그분은 사람들에게 구원의 길을 밝혀 주고 또 하느님께로 바르게 인도하는 등불과 같은 분이십니다. 이 주제로는 할 이야기가 많지만, 나한테 주어진 몇 분 동안에 다 말할 수가 없습니다. 나는 지금도 그분이 그립습니다.

PART II

이웃들의 증언

'산 조반니 로톤도'에 사는 사람들

1. 주세페 살라 박사_의사
오상, 그리스도 사랑의 표징

　살라 박사는 비오 신부의 주치의였으며 비오 신부의 임종 때에 곁에 있었다. 나는 인터뷰에서 의학적 보고서를 얻으려 한 것은 아니다. 임상 데이터라면, 페스타 박사가 비오 신부의 오상을 검사하고 쓴 책《신앙의 빛 속에 있는 과학의 신비》를 비롯해 비오 신부의 여러 전기만으로도 충분하다.

　나는 살라 박사와 함께한 귀중한 몇 분 동안, 비오 신부의 심리적 균형에 대한 그의 견해를 듣고자 했다. 그것은 오상의 정당성을 이해하는 데 중요한 부분이다. 나는 비오 신부의 오상을 의학적으로 분석하고자 한 몇몇 저널리스트들을 접할 때마다 슬픔을 금할 길이 없다. 사실 거기에 발표된 의학적 데이터는 과학적인 검증이라기보다 비판적 시각을 담은 폭로성 글에 가까웠다. 그들은 비오 신부의 오상 역시 과도한 히스테리의 결과라고 간단히 결론 내릴 뿐이었다.

비오 신부의 오상을 히스테리 반응이라고 설명한 '미국 의학 협회지' 1971년 1월호 기사에 대한 의사들의 의견을 들어 보고 싶었다.

나는 그 상처들이 히스테리의 결과가 아니라고 확신합니다. 오상은 비오 신부님의 성격과 관련이 없었어요. 그분은 유순하고 침착한 분이며 전혀 히스테릭하지 않았지요. 어쩌다 난 상처나 긁힌 자국이 얼굴에 있긴 했으나, 오상은 그분이 만든 것이 아니었습니다. 어떤 자극으로 생긴 것도 아니었습니다. 그것들은 병리생리학적 이유를 벗어난 것이었어요. 히스테리가 오상을 무리 없이 설명할 수 있는지, 히스테리 때문에 사람의 손과 옆구리에 구멍이 날 수 있는지 확신할 수 없습니다.

살라 박사에게 의학적 보고서에 대한 의견을 물었다.

나는 페스타 박사의 보고서를 생각하고 있습니다. 비오 신부님의 상처를 검사한 세 명의 의사 중에서 페스타 박사가 가장 회의적이고 비판적이었으며, 까다롭게 진찰하고 검사했습니다. 의학적 검증은 그것만으로도 충분해서, 나는 페스타 박사의 검사에 더 추가할 것이 없어요. 페스타 박사의 보고서는 비오 신부님의 상처를 상세하게 다룬 실제 자료라 할 수 있습니다.

혈액 검사에서도 특별한 부분이 없었습니다. 생리적 현상도 마찬가지고요. 단지 이해할 수 없는 것은 상처의 특징이었지요. 그 상처는 부어오르거나 감염되지 않았습니다. 그렇다고 보통 상처처럼 저절로 아물지도 않았어요. 그게 좀 특이했어요. 그래서 그 상처는 중요한 의미가 있습니다. 이 상처의 회복 과정을 보면 의학적으로 접근을 할 수 있을지 아닐지 판단할 수 있기 때문입니다. 그분의 상처는 해부학적 부류를 벗어난 것, 유례가 없는 것입니다. 의사의 능력으로는 그 상처를 판단하기 어렵습니다.

2. 마초니 박사와 파보네 박사_의사
의학과 신앙이 조화롭게 어울리는 병원

마초니 박사와 파보네 박사는 '고통을 덜어 주는 집' 카사의 의료진이었다.

마초니 박사

예전에 파보네 박사의 환자였던 피렌체 출신 교수와 이야기한 적이 있습니다. 비오 신부님의 오상이 이야기의 주제였는데, 그 교수는 오상이 아마도 과도한 몰입의 결과일 수도 있다고 말했어요. 파보네 박사가 비오 신부님께 그 말을 전했는데, 그분은 껄껄 웃으시더니 그 교수에게 이렇게 물어보라고 하셨답니다. 황소에 과도하게 몰입하면 머리에 뿔이 날 수도 있냐고요.

파보네 박사

비오 신부님을 만나러 가면 삼십 분이나 한 시간 정도 머물곤 합니다. 나는 의료인의 자세로 비오 신부님을 대합니다. 그렇지만 동시에 내가 신앙인이라는 점도 잊지 않습니다. 비오 신부님의 상태는 의료적 관점으로만 판단할 수는 없었거든요. 특히 오상이 그렇습니다. 손, 발, 옆구리에 있는 상처는 어떤 치료도 효과를 보지 못했지요. 그 상처가 생긴 날부터 그대로였어요. 그분은 오상 이외에도 카리스마적인 현상을 보여 주셨습니다. 이마에 가시관 자국이 있었고, 심장 관통상과 같은 통증을 느끼셨어요. 그분은 당신에게 일어나는 이 모든 일을 숨기려고 부단히 노력하셨습니다.

페스타 박사는 자신의 책에서 '비오 신부의 오상은 의학적으로 검증하기 어려운 일'이라고 했다. 파보네 박사에게 의사로서 그것을 어떻게 생각하는지 물었다.

진실은 오랜 세월이 지나도 변하지 않습니다. 30년 전에 사람들 입에 오르내린 가십들을 오늘날 우리가 입증할 수는 없지만, 비오 신부님의 오상은 명백한 사실입니다. 페스타 박사는 프리메이슨 회원이었는데 나중에 가톨릭으로 개종했습니다. 그는 자신의 책에서 오상은 의학적으로 검증하기 어렵다고 했지요.

우리가 비오 신부님의 손과 옆구리 상처를 봉합해 보았습니다. 신기하게도 그 상처는 사흘이 지나도 아물지 않았고 이전과 똑같았어요. 의료적인 치료법으로 나을 상처가 아니었던 거죠. 우리를 더 놀라게 한 건 신부님의 혈액에서는 향기가 나더란 겁니다. 향기로운 피였어요. 비오 신부님의 오상을 비판적으로 바라본 제멜리 신부도 그 책을 읽고서는 그 어떤 반박도 하지 못했습니다. 왜냐하면 의료진이 입증하는 사실이니까요.

오상의 검증은 페스타, 비냐미와 로마넬리의 조사로 충분했어요. 그로써 의학적 진술은 종결되었습니다. 비오 12세 교황과 요한 23세 교황은 그 사실을 받아들였습니다.

나는 비오 신부가 식사를 어떻게 했는지 물었다.

그분은 하루에 한 번 식사하셨습니다. 아주 조금 드셨죠. 아주 조금. 그분은 하루 한 번만 식당을 찾으셨고 오른쪽에 앉은 사람과 왼쪽에 앉은 사람 접시 위에 음식을 나눠 주며 장난을 치기도 하셨어요. 저녁에는 식당에 가지 않으셨고요.

의학적 입장에서 비오 신부님의 영양은 절대적으로 부족했습니다. 하루에 50~100칼로리 정도만 섭취했으니까요. 그런데도 그분의 체중은 약 90킬로그램이었습니다. 언젠가 한번은 4~5일 동안 열이 났어요. 물 한 모금 드신 것 말고는 아무것도 입에 대지 않았지요. 못 드셨기 때문에 체중이 많이 줄었을 거로 생각했는데 사흘 뒤에 재 보니, 오히려 4킬로그램이 늘어 있었어요. 자연의 법칙에 어긋나는 일이죠. 그러나 이런 일들이 비일비재했습니다.

비오 신부님의 체격은 체중과 상관없었던 것 같습니다. 제가 그분의 팔을 만졌을 때, 마치 어린아이의 팔처럼 느껴졌어요. 그분의 손에 입을 맞추려고 할 때도 어린아이의 손에 입을 맞추는 기분이 들 때가 있었거든요. 하지만 어떨 때는 마치 거인의 손처럼 보이기도 했어요.

잠도 거의 자지 않았어요. 겨우 한두 시간 정도 방에서 휴식을 취했을 뿐이에요. 하루는 어느 젊은이에게 간밤에 얼마나 잤느냐고 물으셨어요. 그는 "여섯 시간에서 일곱 시간"이라고 대답했고 그분은 "그건 내가 일 년 동안 자는 시간인데!"라고 하셨지요.

비오 신부님이 겪은 통증과 질병들은(그중에 기관지염 등으로 판명이 난 것도 있으나), 대부분 그 원인과 상태가 불가사의한 것들이었습니다. 밤에 더 나빠지는 병들도 있었는데, 체온이 42~43도까지 올라간 적도 있습니다. 체온계가 망가질 정도였지요.

예수님을 위한 사랑에서 모든 일을 시작하라

비오 신부님은 '고통을 덜어 주는 집' 카사에서 하느님의 사랑으로 감화되지 않은 채 처방하는 약은 효과가 없다고 가르치셨습니다. 항상 "예수님을 위한 사랑에서 모든 일을 시작하라. 사랑하는 마음으로 일하라. 사랑을 전하라."라고 하셨죠. 또 수녀, 간호사, 의사들에게 끊임없이 말씀하셨어요.

"환자를 대할 때, 예수님을 보십시오. 또한 가난한 자에게서도 예수님을 보십시오. 예수님은 우리를 위해 고통받으셨으며 가난하게 사셨기 때문입니다."

카사는 기도와 과학의 전당이에요. 그것이 바로 비오 신부님이 원하신 것이었죠. 종종 과학이 신앙과 대립하는 것처럼 보이기도 하지만, 참된 과학은 신앙과 반대가 될 수 없어요. 이중 진실은 없으니까요. 당신은 이곳 산 조반니 로톤도에서, 과학과 신앙이 조화롭게 결합한 예수님의 세상을 발견하게 될 것입니다.

3. 라우리노 코스타_주방장
하느님 은총의 환시

라우리노는 '고통을 덜어 주는 집' 카사의 주방장이다. 그는 비오 신부의 얼굴에서 피가 흘러내리는 모습을 자주 보았다. 이런 일이 자주 일어났다는 점에서 이것은 상징적인 일이 아니다. 비오 신부가 고해성사를 줄 때마다 많은 일이 일어났다. 그것은 영적인 힘으로 이어질 것이다. 그와 비오 신부와의 만남 또한 영적인 힘의 작용이라 할 수 있다. 이 인터뷰는 라우리노를 산 조반니 로톤도로 오게 한 일련의 이상한 사건들로 시작한다.

내가 항상 함께하겠네

나는 파도바 부근의 작은 마을에 살고 있었는데 직장이 없었습니다. 이곳에 가끔 오던 친구를 통해서 비오 신부님의 이야기를 들었지요. 그분을 만난 적이 없었어요. 그런데 친구가 그분의 사진 한 장을 주었습니다. 작은 사진이었는데 그것이 나에게 깊은 인상을 남겼지요. 그 사진을 주머니에 넣고 다녔어요. 그리고 종종 그분 꿈도 꾸었습니다. 그러다 어느 날 이런 생각을 했습니다.

'비오 신부님께 편지를 써서 일자리를 얻을 수 있도록 축복해 달라고 청하면 어떨까?'

그래서 신부님께 전보를 쳤습니다. 곧 회답 전보가 왔는데 "산 조반니 로톤도로 당장 오시오."라는 내용이었습니다.

산 조반니 로톤도에 가는 일은 쉽지 않았습니다. 너무 멀었고 돈도 많이 들었기 때문입니다. 그 당시 나는 무일푼이었거든요. 그러다 1958년 2월 4일 파도바까지 가는 차를 얻어 탔습니다. 그리고 기차역에서 내가 아는 부인을 만났지요. 그분께 내 이야기를 하고 있는데 어떤 신사 한 분이 우리가 하는 이야기를 듣고는 다 가오더라고요. 그러더니 "나도 산 조반니 로톤도까지 갈 건데 내

차로 함께 가시죠." 하는 것입니다. 나는 그분과 같이 갔어요. 운 좋게도 같이 여행하게 된 분은 '고통을 덜어 주는 집' 카사의 병원장 구소 박사였어요.

새벽 4시에 그곳에 도착했는데 바로 그때가 비오 신부님이 미사를 집전하는 시간이었어요. 미사 후에 나는 비오 신부님을 만나려고 다른 사람들과 함께 제의실로 들어갔습니다. 신부님이 나를 보고 이쪽으로 오라는 듯 손짓을 했어요. 하지만 나는 움직이지 않았어요. 다른 사람을 부른다고 생각했거든요. 그분은 사람들이 많은 데서 내 이름을 부르며 큰 소리로 말씀하시는 겁니다.

"라우리노, 이쪽으로 오게나."

나는 그분을 뵌 적도 없었고 그분도 나를 보신 적이 없었는데, 그 많은 사람 중에서 나를 알아보셨습니다. 나는 사시나무 떨듯 떨면서 다가갔어요. 그분이 "자, 어서 가서 환자들에게 밥을 먹여 주게." 하시는 겁니다.

나는 음식을 만들 줄 몰랐기 때문에 거기에 갈 생각이 없었지만 그분은 내가 꼭 거기로 가야 한다고 하셨습니다. 그래서 이렇게 말씀드렸죠.

"신부님, 저는 요리사가 아닙니다. 전 요리를 해 본 적도 없고, 달걀을 어떻게 익히는지도 모릅니다."

그분은 내 이야기는 듣지도 않으시고 지금 바로 그곳으로 가라고 하셨어요. 그래서 내가 "그러면 신부님께서 저를 도와주십시오."라고 했고, 그분은 "내가 항상 함께하겠네."라고 하셨죠.

어떤 사람이 나를 병원으로 데려가서 이곳저곳 알려 주었고, 원장 수녀님께 나를 소개했습니다. 수녀님은 나를 보더니 "아! 당신이 바로 우리가 기다리던 요리사군요." 하는 겁니다. 나는 어이가 없어서 말이 안 나왔어요.

아침 7시 30분에 부엌으로 갔습니다. 넓디넓은 공간에 거대한 솥들, 오븐, 싱크대, 설거지 그릇들이 가득하더군요. 이전에 그런 광경은 본 적이 없었죠. 어안이 벙벙하다는 표현이 딱 맞을 겁니다. 더 신기한 이야기를 들려줄까요? 내가 그곳에 들어섰을 때, 마치 늘 거기에 있었던 것 같은 느낌이 들더라고요. 요리사가 내 직업이었던 것처럼 느껴졌어요. 모든 게 다 익숙하게 느껴졌어요. 할 수 있다는 자신이 생겼고 바로 요리를 시작했죠. 첫날 약 450인분의 음식을 만들었답니다.

얼마 지나지 않아서 비오 신부님이 가족을 다 데려오라고 하시는 거예요. 그러나 나는 가족이 여기 오는 것이 싫었습니다. 아시다시피 북부 이탈리아 파도바의 생활 방식은 여기와 다르거든요. 생각도 다르고 풍습도 달라서 내가 처음 이곳에 왔을 때, 당장 돌아가고 싶은 마음이 컸습니다. 여기가 영 마음에 들지 않았어요. 하지만 비오 신부님이 가족을 데려오라고 하시니 할 수 없이 그분 말씀을 따랐습니다. 그렇게 우리 가족이 이곳에 정착한 지 벌써 14년이나 됐습니다.

2~3년이 지난 어느 날 "신부님, 북쪽으로 가서 어머니와 친척들을 만나고 싶습니다." 하고 말씀드렸더니 "그러게. 하지만 곧 돌아와야 하네." 하시더군요. 그런데 또 한번은, 그분이 돌아가시기 바로 전이었는데 "이번 휴가에는 고향에 다녀오려고 합니다." 하고 말씀드렸더니 "그건 안 되네!"라고 하시는 겁니다. 그러더니 곧 "며칠이나 다녀올 생각인가?" 하시는 거예요. "7~8일쯤 될 겁니다."라고 말씀드렸더니 "닷새 안에 오게."라고 하셨어요. 신부님께서는 당신이 돌아가시기 전에 내가 돌아오게 하시려는 거였어요.

거룩함을 알게 한 놀라운 체험

사실 내가 처음 이곳에 왔을 때 '그분이 정말 성인이실까?' 하는 의심을 했습니다. 아주 특별한 분이란 건 인정했지만요. 내가 이런 의심을 하고 있다는 것을 아무에게도, 아내에게조차도 말하지 않았어요. 그것은 나 혼자만의 생각이었습니다.

하루는 비오 신부님께 고해성사를 보려고 고해소 안으로 들어

갔습니다. 고개를 한쪽으로 기울이고 계신 신부님의 이마에 십자 모양의 상처가 선명했고 얼굴은 피투성이였어요. 그분은 나를 바라보고 계셨습니다. 겁이 났어요. 몸이 떨리기 시작했어요. 신부님은 말없이 나를 바라보셨어요. 이마에 있는 십자가에서 피가 흘러내리고 있었지요. 나는 손수건을 꺼내려고 주머니에 손을 넣었습니다. 그런데 손을 주머니에서 뺄 수가 없었어요. 움직일 수가 없었죠. 신부님은 10분 정도 나를 바라보기만 하셨어요. 나는 기절할 것 같았어요.

그러자 그분은 긴 한숨을 쉬시더니, 내 죄를 열거하기 시작하시더라고요. 나는 한마디도 안 했는데 그분이 내 죄를 모두 말씀하시는 겁니다. 그러고는 보속을 주셨어요. 아직 한마디도 하지 않았는데 말이에요.

잠시 침묵이 흘렀고 신부님의 모습이 원래대로 돌아와 있었어요. 그때 그분이 말씀하셨어요. "라우리노, 고해성사 본 지 얼마나 되었나?" 내가 아흐레 전이었다고 말씀드렸더니 다시 한번 내 죄를 고백하라고 하시고 다시 보속을 주셨습니다. 신부님 이마에서 흐르던 피도 사라지기 시작했어요. 나는 천천히 일어섰지요. 그리고 이마에 십자가도 보이지 않았습니다. 나는 고해소를 나와서 비명을 질렀습니다. 그곳에는 고해성사를 보려고 기다리는 사람이 많이 있었지요. 사람들이 "무슨 일이죠?" 하고 물었습니다. 그 사람들은 비오 신부님이 나를 쫓아냈다고 생각했던 거예요. 나는 울기 시작했어요. 사흘 밤낮으로 울었습니다. 고해소에서 본 그 모습이 계속 눈앞에 보였어요. 아무리 잠을 청해 봐도 새벽 2시나 2시 반까지 잠을 잘 수가 없었어요. 나는 묵주 기도를 드렸습니다. 그런데도 이런 상태가 계속되었지요.

클레멘테 신부님을 찾아가서 "이러이러한 일이 일어났는데 어찌하면 좋겠습니까? 왜 비오 신부님께서는 저에게 그러한 모습으로 나타나시는 걸까요?" 하고 말씀드렸습니다. 클레멘테 신부님은 "그분께 직접 물어보세요." 하시는 겁니다. 직접 물어보라는 말은 쉽죠. 그러나 성당에 갈 용기가 없었습니다. 그 모습이 계속 떠올랐으니까요. 나는 자지도 못하고, 먹지도 못했지요. 계속 흐느껴 울었어요. '이대로 미치는 건가?'라는 생각도 했답니다. 그러자 병원 원장님이 내게 정신 차리라고, 가족 생각도 해야 하지 않겠냐고 충고했어요. 그래서 어느 날 저녁, 일을 끝내고 집으로 돌아가면서 '지금 비오 신부님께 가서 왜 나에게 그런 모습을 보이셨는가 여쭈어야겠다.'라고 생각했습니다.

하지만 수도원 방향으로 쉽사리 발걸음이 떨어지질 않는 겁니다. 할 수 없이 집으로 돌아섰죠. 그러나 마음 한구석에서는 그렇게 돌아가면 안 된다고 아우성을 치는 겁니다. 다시 수도원 방향으로 걸음을 옮겼습니다. 터벅터벅 복도를 걸어가고 있는데 비오 신부님이 마치 나를 기다리시는 듯한 모습으로 서 계셨어요. 나는 움직일 수가 없었어요. 그리고 입이 꽁꽁 묶인 것처럼 한마디도 할 수가 없었습니다. 그분은 나를 보시더니 "라우리노, 이리로 오게나." 하시는 겁니다. 나는 힘겹게 말을 꺼냈습니다.

"신부님, 왜 저에게 그런 모습을 보이셨죠? 저 때문에 그렇게 고통을 당하시는 건가요?"

"아닐세. 그것은 하느님이 자네에게 주신 은총이라네."

내가 이전에 그분의 거룩함을 믿지 않았기 때문에 그 모습을 보여 주셨다고 생각합니다. 내가 그런 경험을 한 후에는, '누구든 감히 그분을 건드리기만 해 봐라. 내가 가만히 두지 않을 테다.' 하는 마음이 생겼답니다.

4. 조반니 사비노_시각 장애인
다시 세상을 보게 된 기적

공사 중에 다이너마이트가 잘못 터지는 바람에 오른쪽 눈동자를 잃었던 조반니 사비노. 고통과 절망으로 힘겨운 날들을 보내던 그에게 새로운 눈동자가 생기는 기적이 일어났다. 하지만 사비노가 그 이야기를 하고 싶어 하지 않았기 때문에 나는 이 인터뷰를 놓칠 뻔했다. 12년 동안 비오 신부의 비서였던 도미니코 마이어 신부가 편지로 그 사고와 치료 과정을 설명해 주었다. 그러나 나는 조반니에게 직접 이야기를 듣고 싶었다. 내가 이탈리아를 떠나기 전날, 조반니는 자신에게 일어났던 일을 이야기하겠다고 마지못해 약속했다.

두려움을 남긴 축복

1949년 2월이었습니다. 우리는 수도원의 부속 건물을 짓기 위해 땅을 고르고 있었습니다. 땅이 온통 돌투성이였고 우리는 어마어마하게 큰 바위를 폭파해야 했지요.

매일 아침 일을 시작하기 전에 나는 미사를 드렸습니다. 그러고는 축복을 받기 위해서 복도를 지나 층계까지 가곤 했지요. 내가 무릎을 꿇고 "신부님, 일하러 가는 저를 축복해 주세요." 하면, 비오 신부님은 내 머리에 손을 얹으시고 축복하셨어요.

12일 아침, 뭔가 분주하게 다른 일을 하고 계시던 그분께 나는 언제나처럼 "신부님, 축복해 주세요." 하고 말했지요. 그분은 나를 껴안으시더니 "용기를 내게. 자네가 죽지 않도록 하느님께 기도하겠네." 하고 말씀하셨습니다. 신부님의 말씀에 나는 두려움을 느꼈어요. 눈물까지 나더라고요. 비오 신부님께서는 다른 말씀은 하지 않으시고 2층으로 올라가셨어요.

그 후 사흘 동안 무릎을 꿇고 신부님의 축복을 청했어요. 아침마다요. 매번 그분은 나를 껴안고 똑같은 말씀을 되풀이하셨습니다. 13일, 14일, 그리고 15일 아침이었죠.

15일에 나는 일꾼 한 사람과 일을 마무리하려고 밖으로 나갔습니다. 그런데 2시가 가까웠을 때 사고가 터졌습니다. 우리는 바위 아래에 다이너마이트를 설치해 놓고 반 시간을 기다렸어요. 그러나 다이너마이트가 터지지 않는 겁니다. 그래서 나는 어찌 되었나 확인하러 갔습니다. 그런데 바로 그 순간에 다이너마이트가 터진 거죠. 모든 게 공중으로 날아갔어요. 날아가는 바위 조각이 부근에 있던 큰 나무를 마치 잔가지 부러뜨리듯 잘라 버렸습니다. 만약에 그 바위가 나를 쳤다면 나는 두 동강이 났겠지요. 파편 조각들이 내 위로 떨어졌습니다. 나는 정신을 잃었어요. 화기 때문에 내 얼굴 살갗이 전부 벗겨졌습니다.

담배 향과 기적

나는 포지아에 있는 병원으로 실려 가 왼쪽 눈을 치료받았습니다. 내 오른쪽 눈동자는 빠져 버렸고요. 사흘째 되는 날 아침에 의사가 와서 내 상태를 설명했어요. 나는 의사에게 "선생님, 비오 신부님이 저를 돌봐 주시는 것 같습니다. 좀 어리석게 들릴지 모르겠지만, 그동안 마음으로 신부님을 부르고 있었거든요. 그런데 매일 내 침상 곁에서 신부님의 은은한 담배 냄새가 납니다." 하고 말했습니다. 내가 병원에 실려 가기 전에 비오 신부님께 이렇게 말씀드렸습니다. "신부님 제게 담배를 좀 주십시오. 그 담배 향을 맡을 수 있게요." 그러자 신부님은 "안 되네. 아무것도 지금은 줄 수 없어. 하지만 자네가 돌아오면 담배 한 갑을 통째로 주겠네."라고 하셨습니다.

의사는 내 이야기를 들으면서 묵묵히 치료했어요. 포지아의 병원에서 열흘 밤을 지내고 다음 날 새벽 1시쯤 되었을 때, 내 병실에 있던 다른 두세 명은 이미 잠이 들었지요. 나는 사람들의 숨소리를 들을 수 있었어요. 그때 나는 완전히 빠져 버린 내 오른쪽 눈을 누군가가 살짝 때리는 것을 느꼈습니다. "누구시오? 나를 건드린 게 누구요?" 하고 말했지만 아무 대답도 없었어요. 바로 그 순간부터 나는 왼쪽 눈이 아니라 오른쪽 눈으로 볼 수 있게 되었습니다. 그리고 다시 비오 신부님의 담배 향이 나는 겁니다. 나는 그 향이 정말 좋았어요. 마치 천국의 향기 같았습니다.

다음 날 아침에 사람들이 나를 안과 의사에게 데려갔습니다. 의사는 내 머리의 붕대를 풀었죠. 내 얼굴에는 새살이 돋아났습니다. 나는 의사에게 "선생님, 손이 보입니다!" 하고 말했습니다.

의사는 "이쪽으로 돌려 보세요. 왼쪽 눈으로 보시는 거죠?"라고 했습니다. 나는 "아니요, 오른쪽으로 보고 있어요!"라고 말했죠. 그랬더니 의사가 나에게는 이제 오른쪽 눈동자가 없기 때문에 왼쪽으로만 볼 수 있다고 단호하게 말하는 겁니다. 나는 "아니요. 저는 지금 오른쪽 눈으로 보고 있어요. 왼쪽 눈으로는 아무것도 안 보입니다!" 하고 말했습니다.

그때 의사가 한숨을 크게 내쉬더니 내 왼쪽 눈을 막고 손가락을 펴 보이며 "내가 편 손가락이 몇 개죠?" 하는 겁니다. 나는 "다섯 개요."라고 말했지요. "자, 이번에는 몇 개죠?" 나는 이번에도 숫자를 맞췄어요. 그가 내 오른쪽 눈을 다시 들여다보았습니다. 그러더니 깜짝 놀라는 겁니다. 그 안에 새로운 눈동자가 있다는 걸 확인한 거지요. 그는 "당신 눈동자에 비치는 사람들이 누구입니까?"라고 물었고, 나는 "비오 신부님과 은총이 가득한 성모님이십니다!"라고 답했습니다. 그러자 그는 "당신의 말을 이제는 나도 믿습니다!"라고 말하더라고요. 그는 무신론자였어요. 아무것도 이해하지 못했고 아무것도 믿지 않았던 그가 "이제 나는 믿습니다. 믿고 말고요. 내 눈앞에서 이런 일이 일어났으니까요."라고 하더라고요.

그해 여름 라파엘레 신부님이 로마의 종합 병원에 나를 보내고 싶어 하셨습니다. 나는 비오 신부님 방에 가서 말씀드렸죠.

"신부님, 라파엘레 신부님이 저를 로마로 보내려고 하십니다. 그분 말씀이 거기 가면 제 왼쪽 눈을 고쳐 줄 훌륭한 의사가 계시다는군요. 저는 왼쪽 눈이 안 보이거든요."

그랬더니 그분이 말씀하셨습니다.

"우리가 청한 은총은 이미 얻었다네. 자네가 로마에 간다고 해도 자네 눈은 지금보다 나아지지 않을 걸세."

나는 31일이나 병원에 있었습니다. 그러나 내 왼쪽 눈은 나아지지 않았어요. 의사는 내 눈에 아트로핀(동공 확대제)을 넣었고 눈이 부어올랐어요. 나는 의사에게 계속 말했지요.

"선생님, 내 눈에 약을 넣지 마세요. 난 이제 더 견딜 수가 없습니다. 제발 찬물 좀 주세요. 나아지기는커녕 약 때문에 눈이 너무 따갑습니다."

나는 눈에 얹어 놓은 얼음주머니를 치워 버리고 "선생님, 이 얼음주머니도 이제 치워 주시고 더는 약을 넣지 마세요. 왼쪽 눈에 넣은 아트로핀 때문에 열흘이나 고생했다고요." 하고 말했습니다.

비오 신부님 말씀처럼 기적은 더 일어나지 않았습니다. 왼쪽 눈 치료에 진전도 없었고요. 나는 왼쪽으로는 거의 볼 수가 없는 상태입니다. 하지만 하느님께 새로 받은 눈동자로 세상을 볼 수 있게 되었습니다. 나는 그것만으로도 충분히 행복하고 하느님과 비오 신부님 그리고 성모님께 감사드립니다.

5. 클레오니체 모르칼디_추종자
묵주 기도는 악에 대항하는 갑옷과 투구

모르칼디는 비오 신부의 '추종자' 중 한 사람이며, 50년 동안이나 산 조반니 로톤도에서 산 사람으로 비오 신부가 총애한 영적 딸이다. 그녀는 산 조반니 로톤도의 전 시장이었던 프란치스코 모르칼디의 조카이다.

고난을 겪으며 기뻐합니다

비오 신부님은 피에트렐치나에서 오상을 받으셨습니다(건강이 좋지 않았던 비오 신부는 1910년 그의 고향인 피에트렐치나에서 가족과 함께 살았다. 이 상처들은 1918년까지는 나타났다 없어졌다 했으며, 그 이후부터 1968년 그가 선종할 때까지 눈에 보였다). 그분이 산 조반니 로톤도에 처음 오셨을 때는 장갑을 끼지 않으셨어요. 그 대신에 망토 끝으로 손을 감싸셨답니다. 그러다가 차츰 그분이 오상을 받으셨다는 것을 사람들이 알게 되었지요. 신부님은 기도하고 또 기도하셨습니다.

"예수님, 이 상처들을 거두어 주소서."

예수님은 기도에 응답하지 않으셨지요. 하느님께서 비오 신부님을 통해서 또 다른 십자가에 못 박히심을 사람들이 직접 볼 수 있기를 바라셨기 때문이지요. 그렇지 않으면 세상 사람들이 믿지 않을 테니까요. 하느님께서는 20세기에 이런 위대한 영혼을 우리에게 보내신 것입니다.

제발 저를 낫게 해 주세요

상처에서는 끊임없이 피가 스며 나와 손바닥 전체로 퍼졌어요. 그러다가 피가 굳으면 상처가 더 커 보이기도 했지요. 나는 장갑을 끼지 않으셨던 10년 동안 비오 신부님 손에 입을 맞추었답니다. 비오 신부님께서는 1959년 새 성당이 건축되기 전까지 작은 성당에서 미사를 봉헌하셨습니다. 나는 그분과 아주 가까이에 앉았답니다. 미사 후에 제단의 난간을 따라 손을 내미셨어요. 그리고 손가락에 입 맞추게 해 주셨지요. 피딱지는 딱딱하고 뾰족하고 날카로웠어요. 신부님이 미사를 집전하는 동안에 몸을 돌리시면 모든 사람이 손바닥과 손등에 있는 상처를 볼 수 있었답니다.

어느 날 군중 속에서 어떤 부인이 그분을 보자마자 외쳤어요.

"비오 신부님, 비오 신부님, 제발 저를 낫게 해 주세요. 저는 병들었습니다. 이 병원 저 병원 많이 다녔지만 아무도 저를 도와주지 못했어요."

사람들은 그 부인에게 조용히 하라고 했어요. 그러나 비오 신부님은 그 부인에게 다가가셨어요. 마치 예수님께서 눈먼 이에게 다가가듯 말입니다. 그때도 사람들이 눈먼 이에게 조용히 하라고 하지 않았습니까? 비오 신부님께서는 그 여인에게 "당신이 바라는 게 뭡니까?" 하고 물으셨습니다.

그녀가 "저는 병들었습니다. 가난한 데다가 아이들까지 있습니다." 하고 대답하니까, 비오 신부님께서는 "내 딸이여, 나도 태어날 때부터 아프고 병들었지만 이렇게 살아가고 있다오."라고 하셨답니다. 그러고는 그분과 함께 있던 수사에게로 몸을 돌리시더니 "하지만 나는 온전한 상태로 죽을 것 같네."라고 하셨습니다(그는

sano라는 단어를 썼는데 '건강한' 또는 '온전한'이라고 번역할 수 있다. 그것은 아마 죽음의 순간에 오상이 사라짐을 간접적으로 언급한 것으로 생각한다).

우리는 신부님이 돌아가시기 전날, 마지막 미사 중에 그분의 손에 있던 상처가 깨끗이 나은 것을 보았습니다. 장백의 소매를 걷어 올렸는데, 손바닥도 손등도 마치 건강한 갓난아기의 손처럼 매끈했습니다. 그분의 손은 대리석처럼 희고 윤기가 났지요. 정말 깨끗하고 상처 없이 온전했습니다. 하느님께서 그분에게 상처를 주셨던 것처럼, 한순간에 낫게 하셨답니다. 그건 우리에게 큰 감동을 주었습니다.

십자가에 매달려 있는 비오 신부

나는 비오 신부님께 "신부님, 당신의 미사는 무엇입니까?" 하고 물었지요. 1934년 내가 여기 오기 전에, 비오 신부님의 미사는 두 시간 반 이상이나 걸렸어요. 그분은 "그건 나와 예수님 사이의 거래지."라고 하셨답니다.

내가 "신부님, 상처 난 발로 계속 서 계시면 힘들지 않으세요?"라고 물었더니, "난 발로 서 있는 게 아니야."라고 하시는 겁니다. 나는 '발로 서 계시지 않는다면, 어떻게 서 계시는 걸까? 도대체 어떻게 그럴 수 있는 걸까?'라고 생각했어요. 그분은 영적 자녀들에게는 자유롭게 이야기하셨지요. 당신을 좀 더 드러내 보이셨다고나 할까요? 동료들에게는 이런 것들에 대해서 별로 말씀을 안 하셨지요. 조심스러워하셨어요. 내가 다시 물었습니다.

"그런데 신부님, 만약 발로 서 계시지 않는다면, 예수님의 십자가 위에 계시겠군요. 틀림없이 십자가에 매달려 계셨을 거예요."

그러자 그분은 "그동안 내가 십자가에 매달려 있는 것을 몰랐단 말인가?" 하셨지요.

가시관은 하느님께서 씌워 주신 왕관

어느 날 한 대학생이 약혼녀를 보려고 이곳 산 조반니 로톤도에 왔답니다. 약혼녀가 그에게 "비오 신부님을 꼭 만나고 그분 미사에 참례해야 해요. 그렇지 않으면 난 당신하고 결혼할 수 없어요."라고 했답니다. 이 학생은 비오 신부님이 집전하시는 미사를 함께 드렸지요. 성당 뒤에 서서 말이에요. 두 번째, 세 번째, 네 번째 날에도 미사를 드렸습니다. 일주일이 지나자, 그는 울기 시작했습니다. 드디어 그는 제의실로 비오 신부님을 찾아갔지요. 비오 신부님은 그에게 "이런, 자네가 보았구먼. 아무에게도 말하지 말게나. 하느님의 비밀은 마음속에 지녀야 하네."라고 하셨습니다.

젊은이는 비오 신부님께 아무 말도 하지 않았지만, 그분이 젊은

이의 마음속에 있는 것들을 다 보셨다는 것은 알 수 있었어요. 그는 비오 신부님께 말했습니다.

"네, 신부님, 저는 신부님께서 가시관을 쓰고 제단에 계신 것을 보았습니다. 처음에는 가시관을 보았고, 그다음에는 가시 모자 같은 것을 보았습니다."

비오 신부님은 다시 말씀하셨습니다.

"하느님께 감사드리게. 그리고 아무에게도 말하지 말게나."

그러나 이러한 사실을 그의 약혼녀가 우리에게 모두 이야기했습니다. 그녀가 말하기를, 약혼자가 비오 신부님이 가시관을 쓰시고 얼굴에서는 피가 흘러내리는 것을 보았는데, 그분은 잔잔하고, 아름다운 표정을 짓고 계셨다고 합니다. 그 표정이 아름다워서 감동하지 않을 수 없었고 울음을 참을 수가 없었다고 했어요.

나는 그가 한 말을 모두 믿었습니다. 그러나 비오 신부님께 가서 그게 정말이냐고 직접 묻고 싶었지요. 나는 그분의 고해소로 가서 "신부님, 그게 정말인지 말씀해 주십시오. 젊은이가 말하는 것 말입니다. 신부님 머리 위의 가시관을 보았다고 하는데, 정말입니까?"라고 했지요. 비오 신부님께서는 "의심스러운가? 그대도 토마스 사도 같군. 믿지를 않는다니까."라고 말씀하시는 겁니다.

나는 토마스 사도 같기를 원치 않았기 때문에 그 자리에서는 더 묻지 않았습니다. 그러다가 어느 날 고해소에 들어간 김에 다시 물었지요.

"신부님, 그 가시관 말입니다. 미사 때마다 쓰십니까?"

그분은 말씀하셨어요.

"그대는 얼마나 알고 싶은 건가? 나는 미사 때뿐 아니라 미사 전, 그리고 후에도 쓴다네. 하느님께서 내게 씌워 주신 왕관인데 어떻게 벗을 수 있단 말인가?"

어떨 때는 비오 신부님께서 제단으로 가실 때 몸을 떠셨습니다. 그래서 "신부님께서는 고통을 당해야 해서 몸을 떠시는 건가요?" 하고 물었습니다.

"아닐세, 내가 고통을 당해야 하기 때문이 아니라 무언가 바쳐야 하기 때문이라네. 그대는 아직도 미사의 신비를 깨닫지 못하는가? 우리는 우리의 죄를 갚기 위하여 하늘에 계신 아버지께 예수님을 희생 제물로 바치는, 그분을 죽이는 학살자들이지."

나는 또, 왜 우시느냐고도 물었어요. 그분은 내게 "그대가 미사의 신비를 빨리 깨우치길 바라네. 나는 고작 이런 작은 눈물이 아니라 억수 같은 눈물을 흘리고 있다네."라고 하셨습니다.

피로 덮인 리넨 가운

8월 어느 날 밤, 날씨가 무척 더웠습니다. 나는 그분께 흰 리넨 가운을 보냈지요. 그분은 날씨가 얼마나 덥든, 얼마나 땀을 흘리든 늘 가운을 입으셨거든요. 어느 날 신부님의 리넨 가운이 완전히 피로 덮인 것을 발견했습니다. 난 속으로 이렇게 생각했죠.

'이건 채찍질의 흔적이다!'

나는 비오 신부님께 "신부님, 신부님은 머리부터 발끝까지 하나의 큰 상처로군요."라고 했습니다. 그분은 나에게 이렇게 말씀하셨습니다.

"이것이 우리의 영광을 위한 것이 아닌가? 만약 내 몸에 상처를 낼 자리가 더 없다면, 상처 위에 또 상처를 낼 걸세."

그분이 내게 보낸 가운에는 엉겨 붙은 피딱지가 있었는데, 피딱지 속에 겹친 상처 자국이 있었습니다. 나는 "신부님, 자신의 몸을 학대하시는군요!" 하고 말했습니다. 그러자 그분은 다음과 같이 말씀해 주셨습니다.

"내 몸이 아닐세. 나도 그대와 마찬가지로 피와 살로 되어 있지. 하지만 그것이 나에게 결실을 주기 때문에 나는 하느님께 내 고통을 바치는 것이지. 내 고통이 하느님께 영광을 드리고, 죄에 물든 영혼을 지옥 불에서 구한다네."

묵주 기도를 바치세요

어느 날, 그분이 나에게 묵주를 주시며 말씀하셨지요.

"기도하고, 기도하고, 또 기도하게. 우리가 연옥을 텅 비게 하고, 연옥의 모든 영혼을 구할 수 있도록 해야 하네."

여기에 내가 무슨 말을 더할 수 있겠습니까? 그분은 손에 묵주를 들고 밤낮으로 기도하셨습니다.

신부님이 돌아가시기 며칠 전에 "신부님, 저에게 한 말씀만 해주십시오."라고 했더니 이렇게 말씀하셨습니다.

"성모님을 사랑하게. 사람들이 그분을 사랑하게 하고 묵주 기도를 바치게 하게. 그것이 바로 악에 대항하는 갑옷과 투구이네."

그래서 내가 "성모님이 신부님 가까이 계십니까?" 하고 물었고, 그분은 "어머니……." 하시더니 "어머니는 당신의 자녀들에게 관심이 아주 많으시지. 낙원도 그분께 가까이 있다네." 하셨습니다.

의사들은 비오 신부님께 적어도 일요일에는 휴식을 좀 취하시도록 권했지요. 그러면 그분은 "우리는 모두 낙원에서 쉴 것입니다. 여기서는 일해야 해요. 여기서는 눈물 흘리며 고통받아야지요."라고 하셨습니다.

그분이 돌아가시기 전날 아침, 우리는 그 손에 입 맞추었지요. 그분은 의자에 똑바로 앉을 수도 없었답니다. 죽은 사람 같아 보였어요. 내가 울먹이며 말했지요.

"신부님, 제발 뭐라고 말씀 좀 해 주세요."

그분은 팔을 내미시고는 이렇게 말씀하셨습니다.

"나는 누구나 똑같이 사랑하네. 불행히도 모든 사람이 나를 친절하게 받아 주지는 않았지만……. 지금처럼 성실하게 선에 항구하게. 그러면 우리는 낙원의 문 앞에 다다를 것이네."

"신부님, 사탄이 이 땅을 지배할까요?"

"사탄이 지배하도록 우리가 기회를 만들어 준다면 그렇게 되겠지. 마귀는 인간의 자유 의지와 결합하지 않고서는 저 홀로 그렇게 할 수 없어."

"그렇지만 성모님이 우리를 도와주실 겁니다."

"성모님은 항상 우리를 도와주실 수 있지. 그분은 언제나 준비를 하고 계시네. 하지만 우리가…… 우리가 그것을 아는가? 우리가 그것을 알고 있는가? 인간은 절대 회개하지 않는단 말이야."

한번은 내가 "정말 꿈에서라도 예수님의 얼굴을 보고 싶습니다." 하고 말씀드렸더니 답답하다는 듯이 대답하셨습니다.

"나를 보게! 마지막 만찬 때 예수님께서 필립보에게 하신 꾸짖음을 그대가 받아야 하겠군. 필립보가 '아버지를 저에게 보여 주소서' 하니까 예수님께서 '내가 너와 그렇게 오래 같이 있었건만…….' 하셨지. 내가 그대와 이렇게 오랜 시간을 함께했건만 그대는 아직도 예수님께서 내 안에 계신다는 것을 깨닫지 못했군."

하느님, 제 형제들의 아픔과 괴로움을 저에게 주소서

때로는 비오 신부님께서 자신을 비하해서 말씀하시곤 했지요.

"나는 이 세상에서 가장 나쁜 죄인이야. 아무리 나쁜 죄인이라고 해도 나와는 비교가 안 되지. 만약 그대가 내 마음이 어떤지 볼 수 있다면 그대는 겁이 나서 도망갈 거야."

반면에 이런 말씀도 하셨습니다.

"예수님이 보고 싶다면 나를 보게."

내가 그분을 위해서 어떻게 기도해야 하는지, 그분을 위해서 하느님께 무슨 말을 해야 하는지 물었을 때 이렇게 대답하셨어요.

"나는 또 다른 예수, 온전한 예수, 항상 예수이어야 하네. 내 안에 예수님이 계시기 때문이지."

수많은 사람이 고해성사를 보기 위해서 여기에 왔지만 비오 신부님은 그들을 그냥 되돌려 보내는 경우가 많았지요. 죄책감으로 그들을 괴롭게 만드셨지만, 기도와 고통으로 그들 뒤를 따르셨답니다. 결국 그들은 완전히 뉘우치고 돌아왔어요. 그분은 하느님께서 보내신 영혼을 하나도 잃지 않으셨답니다. 사람의 마음속에 들어가는 방법을 그분은 알고 계셨어요.

비오 신부님을 방문했던 의사가 나에게 말하더군요.

"산 조반니 로톤도에 왔더니 그분이 '돼지 같은 놈!'이라고 하시더군요. 그러나 나는 다시 올 수밖에 없었습니다. 그분이 나를 몹시 괴롭히시니까요. 밤마다 내 양심을 괴롭혔습니다."

비오 신부님께서는 "나는 그들의 영혼을 괴롭히고, 불길은 그 영혼들을 집어삼킨다."라고 말씀하셨습니다. 그 의사는 다시 와서 비오 신부님께 환영받았고 그분의 추종자가 되었습니다.

일반적으로 고해소에서 사제들은 이렇게 사죄하여 줍니다.

"좋아요, 다시는 그런 일을 하지 마세요."

그런데도 우리는 같은 죄를 짓고 또 짓습니다. 그러나 비오 신부님의 진정한 자녀는 정말로 새사람이 되어 돌아옵니다. 비오 신부님은 영혼의 저 밑바닥까지 볼 수 있으셨습니다. 그분은 나에게 "나는 자네를 안팎으로 알고 있네. 자네가 거울에 비치는 자네 자신을 보는 것처럼 말일세."라고 하셨습니다.

우리는 늘 두려움과 불안한 마음으로 비오 신부님께 가곤 했지요. 그분에게 얼렁뚱땅 넘어간다거나, 말을 얼버무리는 것은 통하지 않았습니다. 그러나 그분은 예수님과 같은 사랑, 가난한 사람들과 고통받는 사람들에 대한 크나큰 연민을 갖고 계셨습니다. 한

번은 그분이 이렇게 말씀하시더군요.

"하느님, 제 형제들의 아픔과 괴로움을 저에게 주소서."

성령께서 비오 신부님의 그 말들을 받아들이시어 그 말들이 사람의 마음속에, 그리고 예수님을 모르는 사람들의 마음속에 스며들게 하셨습니다. 그분의 묘소에서 비오 신부님을 본 적이 없는 중국, 일본, 인도와 같은 나라에서 온 사람들을 많이 봅니다. 그들은 거기서 울면서 기도하지요. 누가 그들에게 비오 신부님을 알려 주었을까요? 그들을 밝혀 준 것은 성령이십니다. 다시 말하지만, 비오 신부님이 우리와 함께 숨 쉬며 사셨기 때문에 그들이 여기 오는 것입니다.

6. 아우렐리오 몬탈토 부인_호텔 주인
모든 일이 다 잘될 겁니다

몬탈토 부부는 산 조반니 로톤도 수도원 근처에 지어진 호텔, '알베르고 비토리오'의 주인이다.

비오 신부와 제비꽃 향기

우리가 산 조반니 로톤도에 처음 오게 된 것은 호기심 때문이었습니다. 친척을 방문했다가 비오 신부님 이야기를 들었는데 정말로 그런 사람이 있다는 게 놀라웠어요. 그래서 집으로 돌아가는 길에 비오 신부님에 대한 책을 샀습니다. 그 책을 읽고 감동해서 비오 신부님을 만나고 싶다는 생각을 했지요.

그렇게 우리 여섯 식구는 볼차노에서 비오 신부님을 만나러 왔습니다. 그분이 집전하시는 미사를 드릴 때, 마치 천국에 온 것만 같았어요. 미사가 끝난 후에 멀리서 비오 신부님을 뵈었는데 그분의 미소는 봄날의 따사로운 햇살 같았지요.

우리 가족은 집으로 돌아가서도 비오 신부님 이야기만 했어요. 그분을 다시 만나야 한다고 생각했습니다. 그분 손에 입을 맞추고 우리가 누리는 많은 것들에 감사를 드려야겠다고 생각했습니다. 그래서 우리 가족은 다시 그곳에 가기로 했어요. 그때 나는 출산을 앞두고 있었어요. 나는 '고통을 덜어 주는 집' 카사에서 아기를 낳고 싶었어요. 하지만 내 주치의는 기차를 타고 가야 하는 긴 여행은 절대로 안 된다고 했어요. 기차에서 아기를 낳을 수도 있다고요. 의사가 그렇게 경고했음에도 나는 마음을 바꿀 수가 없었어요. 당장 떠나야겠다고 결심하고 짐을 쌌습니다. 집을 오래 비울 생각을 하니 집 정리도 만만치 않았어요. 나는 어쩔 수 없이 무리를 하면서 떠날 준비를 했습니다.

당연한 결과인지 모르겠지만 임산부로서 산 조반니 로톤도로 가는 길이 무척 힘겨웠습니다. 기차에서는 자리에 앉을 수 없을 정도로 기운이 없었습니다. 세 번째 역에 도착했을 무렵 나는 속으로 이렇게 중얼거렸습니다.

'비오 신부님, 제가 이렇게 기진맥진해서야 어떻게 그곳까지 가겠습니까? 저를 도와주세요. 그렇지 않으면, 버틸 수 없습니다.'

그랬더니 그 순간부터 아주 편안해지더라고요. 그리고 잠이 들었습니다.

산 조반니 로톤도에 무사히 도착한 나는 출산을 준비하고 있었어요. 그런데 크리스마스가 지나고 '스테파노 첫 순교자 축일', 그러고 나서 28일까지 출산의 기미는 보이지 않았죠. 남편은 비오 신부님께 가서 우리의 상황을 말씀드렸고 기도를 청했어요. 우리는 아기를 낳으려고 여기까지 왔고, 집에 계신 장모님은 건강이 좋지 않고, 어린아이들이 우리를 애타게 기다리고 있다고요. 비오 신부님은 여유로운 표정으로 "걱정할 것 없어요. 모든 일이 다 잘될 겁니다." 하시더라고요.

마침내 1월 3일 저녁 7시 30분쯤에 진통이 시작됐습니다. 나는 걸어서 카사에 도착했고, 9시에 아기를 낳았어요. 남편은 복도에 있었지요. 아기가 태어났을 때 남편이 제비꽃 향기를 맡았답니다. 내가 아기를 분만할 때, 비오 신부님을 떠올리며 기도해서 그런지 비오 신부님이 내 곁에 계신 것을 보았어요. 우리는 아기 이름을 마리아 비아 프란체스카라고 지었습니다.

　우리가 산 조반니 로톤도에 있을 때, 남편은 고해성사를 보려고 자신이 지은 죄들을 종이에 썼지요. 그런데 고해소에서 비오 신부님은 남편이 말을 하기도 전에 그가 써 놓은 순서대로 죄목을 줄줄 말씀하시더랍니다.

　그 후로 우리는 비오 신부님을 자주 찾아가 뵈었죠. 그러고는 아이 넷을 데리고 이곳으로 이사를 왔답니다. 우리 아이들 모두가 그분께 첫영성체를 받았습니다.

다시 세상을 보게 된 여인

　비오 신부님은 우리 집안 주치의라고 할 수 있습니다. 남동생 큰딸의 폐에 울혈(몸 안의 장기나 조직에 정맥의 피가 몰려 있는 증상)이 생겼는데 치료가 불가능하다는 판정을 받았어요. 또 다른 아이는 태어난 지 3주밖에 안 됐는데 뼈에 이상이 생기는 병에 걸렸고요. 병원에서도 포기한 두 아이를 비오 신부님이 고쳐 주셨습니다. 비오 신부님은 항상 저희를 돌봐 주셨습니다.

　우리 호텔에 이링겐 카이저스툴에서 온 눈먼 여자가 묵은 적이 있어요. 그녀는 말로 표현하기 어려운 정신적 고통을 겪고 있었지요. 항상 울고 있었어요. 내가 그녀에게 "왜 당신은 비오 신부님께

도움을 청하지 않나요? 큰 힘이 되어 주실 텐데……."라고 했더니 그녀는 35년간이나 고해성사를 하지 않았다고 하더군요. 내가 도와주어서 그녀는 고해성사를 봤는데 비오 신부님이 아니라 독일어로 말씀하시는 신부님께 고해했다는 겁니다. 그녀는 그때까지도 앞을 못 보았기 때문에 그분이 비오 신부님이었다는 사실을 몰랐던 거죠. 그런데 어느 날, 성당 근처에서 문득 비오 신부님 생각이 나더래요. 바로 그 순간부터 볼 수 있게 되었답니다. 시각 장애인이 두르는 완장을 떼어 버리고, 안경과 지팡이도 버렸지요. 지금은 아무 도움 없이 혼자 걸어 다닙니다. 시각 장애인이 받는 연금도 이제는 받지 않는다고 합니다. 리히터라는 백작 부인이 그녀의 이야기를 모두 기록해서 카푸친 수도회에 제출했다고 합니다.

비오 신부와 향 냄새

내 시동생 이야기도 해야겠군요. 그는 비오 신부님을 만난 적이 없었습니다. 그런데 신부님이 돌아가시고 장례 미사 전에 철야를 할 때, 특별한 이유 없이 성당에 들어가고 싶더랍니다. 평소 신앙심이 깊지 않았던 그였지만 성당에 가고 싶은 마음이 들었던 거죠. 하지만 그가 들어가기 전에 성당 문이 닫혀 버렸답니다. 시동생은 실망스러운 모습으로 돌아와서 이렇게 말하더군요.

"모두가 비오 신부님이 보여 주신 기적을 이야기하지만, 난 믿을 수가 없어요. 그래서 지금이라도 그분을 뵙고 싶었어요. 하지만 아무것도 못 보았고, 아무것도 느끼지 못했어요."

시동생은 다음 날 다시 성당에 갔고 그다음 날 또 갔어요. 그렇게 며칠 동안 성당에 들어가 뒤에서 셋째 줄 의자에 앉아 있었대요. 그런데 하루는 누군가 거친 목소리를 내면서 어깨를 툭 치더래요. 돌아보니 아무도 없었고요. 겁이 나더랍니다. 그러나 곧 자신이 착각했다고 생각했고 맨 끝줄에 있는 의자로 걸어갔답니다. 두리번거리다가 거기에 앉았는데 누군가가 자기 어깨를 다시 건드리는 걸 느꼈대요. 거친 목소리도 들렸고요. 얼른 뒤를 돌아보았지만 아무도 없더랍니다. 온몸에 땀이 쫙 흘렀다고 합니다.

그때 남편이 이제 집으로 가자고 했고, 시동생은 땀으로 온몸이 흠뻑 젖은 채로 그 이야기를 전했다고 해요. 이야기 끝에 고해성사는 어떻게 하냐고 물었고요. 그때까지 고해성사를 본 적이 없었거든요. "가서 무슨 이야기를 해야 하죠?"라고 묻는 시동생에게 남편이 고해성사하는 방법을 설명해 주었습니다. 다음 날 시동생은 고해성사를 보았고 영성체도 했지요. 그리고 그날 밤 꿈에 비오 신부님이 묵주 기도를 어떻게 하는지 자세히 알려 주셨답니다. 그리고 방에서 향 냄새를 맡았다고 합니다.

기도로 받은 은총의 선물들

내 동생 이야기도 해 드리죠. 그 애는 비오 신부님을 알고 있었어요. 비오 신부님이 돌아가신 후에 이렇게 말하더군요.

"누나, 비오 신부님이 안 계시니까 이곳의 삶이 이전과 다른 것처럼 느껴져. 신부님이 여기 계실 때는……."

나는 동생의 말을 자르면서 "비오 신부님께 함께하고 계심을 느끼게 해 달라고 청해 봐."라고 했습니다. 다음 날 동생은 성당에 가서 "비오 신부님, 여기에 당신이 함께하고 계신다는 것을 제가 알 수 있도록 표징을 주세요."라고 했답니다. 사실 동생은 지난 4년간 지팡이 없이는 몇 발자국도 걸을 수 없을 정도로 발이 아팠습니다. 다리는 뼈만 앙상하게 남아서 걷기가 어려웠습니다.

어느 날 저녁, 우리 가족은 비오 신부님께서 묻혀 있는 성당 지하 묘지에서 참배를 하고 있었습니다. 그때 카푸친회 수사 한 분이 손뼉을 치며 모두 나가야 할 시간이라고 알려 주더군요. 우리가 마지막으로 남은 사람들이었거든요.

성당 밖으로 나가서 광장을 걸어가는데 갑자기 동생이 "내가 지팡이를 어디다 놨지?" 하는 겁니다. 나는 "조금 전에 우리가 어디 있었지?"라고 했죠. 동생은 "성당 지하 비오 신부님 묘지에!"라고 했고, "누나, 내가 지팡이 없이 여기까지 왔어! 그런데 지팡이 없이 계속 갈 수 있을 것 같아!"라는 겁니다. 수도원에서 내려오는 길은 꽤 험했습니다. 그래서 내가 "어떻게 된 일이니? 너 이제 지팡이 없이 걸을 수 있는 거니? 세상에, 정말 잘됐다!"라고 했지요. 다음 날 아침 6시에 동생은 벌써 성당에 가 있었어요. 그 애는 지팡이를 찾지 않았습니다. 그냥 거기 내버려 두었죠. 동생은 완전히 나았어요.

비오 신부님을 한 번도 만난 적 없지만, 기도 속에서 놀라운 은총을 받은 사람들이 많이 있습니다. 그분이 돌아가신 후에 많은 사람이 회개했습니다. 비오 신부님의 이야기는 끝이 없어요. 온종일 이야기할 수 있습니다. 나는 비오 신부님을 의심하지 않습니다. 내게 비오 신부님은 누구와도 비교할 수 없는 가장 좋은 친구였습니다. 그분은 우리 주님께 정말 소중한 분입니다. 그분의 생애는 고통뿐이었지만, 우리 주님은 그분의 기도를 통해 모두 다 주십니다. 모두 다 말입니다.

7. 마르타 겜쉬_추종자
기도 안에 머무르는 삶

마르타 겜쉬는 산 조반니 로톤도에 사는 비오 신부의 '추종자' 중 한 사람이다. 그녀는 비오 신부를 개인적으로 알고 지냈으며 그를 영적 아버지로 여겼다. 나는 이 인터뷰를 통해서 비오 신부가 남녀 평신도들을 영적으로 어떻게 지도했는지 알게 되었다.

다양한 방법으로 가르침을 주는 영적 지도자

비오 신부님은 우리에게 기도하는 방법을 알려 주셨습니다. 그분은 거기에 계시지도 않으면서 우리 마음속으로 들어오셨어요. 말씀도 별로 없으셨어요. 영혼과 마음에 머무실 수 있는 그 능력을 통해서 우리를 이해시키는 거지요. 그분은 우리를 위해서 기도하시고 우리를 위해서 주님께 은총을 청하셨답니다. 그게 우리를 인도하시는 방법이었습니다. 우리가 앞으로 더 나아가려고 하면, 우리는 더 많은 은총을 얻었지요. 그래서 비오 신부님이 우리를 위해서 은총을 얻어 주시면, 우리에게 더 많이 설명하지 않으셔도 우리가 스스로 앞으로 나아갔답니다.

'모든 사람에게 똑같이 이러하다'라고 말할 수는 없겠지만 그분은 우리가 우리 길을 가는 데 필요한 빛과 힘을 갖도록 하느님께 은총을 얻어 주신 겁니다. 아마 과거에는 그분 나름의 규칙 같은 것이 있었겠지요. 하지만 우리에게는 그런 게 없었습니다. 그분은 그저 위에서부터 우리를 격려해 주셨고, 우리가 성공하도록 필요한 은총을 얻어 주셨답니다.

그분은 종종 하느님의 현존을 말씀하셨어요.

"하느님의 나라는 네 안에 있다."

그분은 우리가 하느님의 현존 안에 사는 법을 연구하고 발견하기를 바라셨습니다. 처음에는 이런 것을 경험하지 못합니다. 사막 같은 우리 영혼을 거쳐야 하죠. 쉬운 일은 아니에요.

그분은 우리가 아침 일찍 일어나서 기도하고 묵상하기를 바라셨습니다. 이른 아침 시간에는 묵상에 더 집중할 수 있었어요. 또 묵주 기도를 잘하면 다른 기도도 어렵지 않게 배울 수 있습니다. 사실 그분은 묵상과 기도 외에는 아무것도 권하지 않으셨답니다.

비오 신부님은 우리가 그분에게 매이지 않기를 바라셨어요. 언제나 자유롭게 두셨죠. 자유롭게 생각하게 하고, 우리가 그분에게 구속되는 어떤 끈도 허락지 않으셨답니다. 절대로 없었죠. 우리가 그분에게 의지하고 집착하는 걸 원치 않으셨습니다.

그분은 위에서 우리를 지도하셨습니다. 살아 계셨을 때나 돌아가신 지금이나 큰 차이를 못 느낍니다. 사람들이 그분을 만나지 않았는데도 여러 방법으로 그들에게 영감을 주십니다.

내가 인도의 히말라야에 있는 베네딕도회 신부님에게 편지를 썼더니 답장이 왔어요. 한 번도 비오 신부님을 만난 적이 없는데도 그분을 계속 알고 지낸 것처럼 느껴진다고 하더군요. 비오 신부님이 어디에서나 활동하신다는 걸 알 수 있었습니다.

성체 앞에서 기도하시오

내 동생 리사는 방사선사였는데 인도의 자선 시설에 새 기술을 가르쳐 주고 싶어 했죠. 비오 신부님은 가지 말라고 하셨지만, 리사는 떠났어요. 나중에 비오 신부님이 그 애를 아는 다른 사람에게 "그녀가 인도에 갔습니까?" 하고 물으시더래요.

그 애는 인도 다르에스살람으로 갔어요. 차를 타고 가는데 운전사의 부주의로 자동차가 차선을 벗어나는 바람에 큰 사고가 났어요. 문이 열리고 그 애는 튕겨 나갔지요. 차가 그 애 위로 덮쳤는지는 모르겠는데 그 애 다리가 부서졌답니다. 병원으로 실려 갔지만 다음 날 아침에 죽었어요. 우리는 이틀이 지난 다음에야 리사가 죽었다는 소식을 들었습니다.

그 애가 죽던 날은 꽤 오래 편찮으셨던 비오 신부님이 오랜만에 고해성사를 주러 나오신 첫날이었습니다. 그분 안색이 정말 어두웠어요. 신부님 얼굴이 평소와 다르다고 생각했어요. 그때 그분이 우리에게 소리를 치셨어요.

"뭘 기다리고 있어요, 성체 앞으로 가지 않고!"

내가 바로 그 앞에 앉아 있었는데, 그분이 나를 똑바로 바라보시면서 다시 한 번 소리치시는 거예요.

"왜 여기서 기다리고 있나요? 성체 앞으로 가서 기도해야지!"

그러더니 고해소로 들어가셨어요. 펠레그리노 신부님이 거기 계셨어요. 그래서 나는 "지금 비오 신부님이 뭐라고 하셨죠? 대성당으로 가라고 하셨나요?" 하고 물었죠. 그분은 "네, 그렇게 말씀하셨습니다."라고 하시더군요. 나는 참 이상하다고 느꼈어요. 그러나 나는 대성당으로 가지 않고, 9시에 고해소를 나오시는 비오 신부님을 기다렸어요. 신부님의 손에 입을 맞추려고요. 그런데 그분은 우리에게서 몸을 돌리고 그냥 가 버리셨어요. 나는 그날따라 신부님이 진짜 이상하다고 생각했어요. 그분이 편찮으실 때 우리가 그분의 건강을 위해서 그렇게 기도를 했는데 그냥 가 버리시다니요.

나중에야 다 이해가 되었습니다. 비오 신부님의 얼굴이 매우 어두웠을 때 리사가 죽었던 거예요. 그 애가 죽은 병원의 수녀님 한 분이 내 동생이 있던 방에서 나오더니 말하더군요.

"비오 신부님이 여기 오셨지요. 비오 신부님은 우리에게 '그 아이가 참 안 됐소. 그래서 내가 그 애를 도우려고 왔다오.'라고 말씀하셨답니다."

의사 말이 그 애는 얼굴에 미소를 머금고 죽었다고 해요. 비록 인도에는 자기 혼자뿐이었지만요.

8. 메리 잉골즈비_번역가
모든 일이 하느님의 뜻입니다

 비오 신부가 사람들을 불러 모으는 불가사의한 능력이 있다고 많은 사람이 입을 모아 이야기한다. 더블린에서 태어난 메리 잉골즈비는 번역가이다. 그녀도 비오 신부가 《서간집》 두 권을 번역하기 위해서 자신을 산 조반니 로톤도로 데려왔다고 믿고 있다.

공동 속죄의 사명

 20년 전에 나는 이탈리아에서 평신도 사도직에 참여하고 있었습니다. 비오 신부님과 수사님들을 곤란하게 하고, 아무 데서나 코를 벌름거리면서 비오 신부님의 향기를 맡고 다니는 광신도들을 북이 탈리아에서 많이 만났어요. 나는 비오 신부님에게 전혀 관심이 없었어요. 그런데 누군가가 나를 산 조반니 로톤도로 데려갔고, 비오 신부님이 집전하는 미사를 드리고 난 다음 내 생각은 완전히 바뀌어 버렸답니다. 의심할 여지 없이 강한 끌림을 받았거든요.

나는 로마로 돌아와서 제2차 바티칸 공의회를 위한 일과 로마 순례자들을 위한 성년 사무국(지금의 '교황청 복음화부 세계복음화부서') 관리 업무를 계속했습니다. 어느 날 카푸친회에서 발행하는 잡지 〈비오 신부의 목소리〉에 실린 비오 신부님의 편지를 몇 편 읽었는데, 어떤 번역은 너무 형편없어서 정말 창피하게 느껴졌어요.

산 조반니 로톤도에서 아일랜드 사람들 사진이 있는 책자를 우연히 본 적이 있었어요. 그 사진 가운데에 어느 부인이 있었어요. 어느 날 전화벨이 울려서 받아 보니 아일랜드 억양으로 말하는 어떤 여자가 "내가 지금 성 베드로 광장에 있는데요, 당신 사무실에 잠깐 들러도 될까요? 비행기 시간이 얼마 남지 않아서요."라고 하는 거예요. 그래서 오라고 했더니, 그분이 바로 산 조반니 로톤도에서 우연히 본 사진 한가운데 있던 부인이었어요. 마치 헛것을 보는 것 같았어요. 비오 신부님이 내게 보여 주시는 헛것 말이에요.

지금 생각해 보니 비오 신부님께서 보여 주신 환영 같은 것인지도 모르겠네요. 아무튼 나는 부인의 이름을 등록시켰죠. 메이리드 도일. 그녀는 엽서를 부쳐 달라면서 여러 장을 주더군요. 모두 비오 신부님에 관한 것이었어요. 나는 "비오 신부님을 아세요?" 하고 물었죠. 그녀는 "난 더블린에 사는 비오 신부님 후원자입니다."라고 하더군요. 그 말에 나는 내가 생각하고 있던 것을 말했죠.

"비오 신부님 편지를 읽었는데 번역이 너무 형편없어서 안타까웠어요. 비오 신부님 편지를 그런 식으로 번역하다니 정말 창피한 노릇이에요."

"전문 번역가가 없거든요."라고 말하더라고요. 우리의 만남은 겨우 5분 정도였어요. 그리고 나는 그 일을 더 생각하지 않았답니다.

열흘쯤 지난 뒤에 동료 한 명이 산 조반니 로톤도에 함께 가자는 거예요. 그래서 그곳에 가게 되었어요. 내가 수도원 사무실에 들어가자 요셉 비오 신부님이 "안녕 메리, 잘 왔어요. 그리고 잘 됐어요." 하시며 저를 반기시는 게 아닙니까? 그분의 밝은 목소리가 아직도 기억나요. 나는 "저를 아시나요? 그리고 뭐가 잘됐다는 거죠?"라고 물었어요. 도대체 무슨 소린지 모르겠더라고요. 그분은 "편지도 그렇고, 또 존 매카프리도 그렇고요." 하시더군요. 나는 "무슨 편지 말씀이죠? 존 매카프리가 누구인데요?"라고 했어요.

신부님은 서둘러 2층으로 올라가시더니 비오 신부님의 영적 자녀에게서 며칠 전에 온 편지를 가지고 오셨어요. 그 사람은 국제경찰이었는데 여기에 여러 번 왔었다더군요. 그분은 비오 신부님의 편지를 번역할 사람을 찾는 일을 맡았기 때문에 이리저리 찾아보다가 이렇게 편지를 보낸 거였어요.

"제가 번역할 사람을 찾았습니다. 이름은 메리 잉골즈비인데 로마의 성년 사무국에 있습니다."

존 매카프리와 내가 둘 다 아일랜드 출신이기 때문에 우리가 서로 연락을 주고받았다고 요셉 신부님은 생각하셨던 겁니다. 그러나 난 아무것도 모르고 있었어요. 메이리드 도일이 그분에게 내 이야기를 해서 그분이 요셉 비오 신부님에게 편지를 쓴 거였어요.

그제야 나는 매카프리와 편지를 주고받았고 그분은 번역하는 데 비용이 얼마나 드냐고 물었습니다. "돈은 내가 드릴 테니, 편지는 제대로 번역해 주세요."라고 하더군요.

그때부터 비오 신부님의 편지를 번역하기 시작했습니다. 그리고 그분을 사랑하게 되었어요. 정말 놀랄 일이죠. 이 일을 하면서 비오 신부님을 제대로 알게 되었을 뿐 아니라 그분의 감정도 고스란히 느낄 수 있었죠.

편지가 여러 장인 것들도 있었어요. 그분은 지도 신부님께 이렇게 쓰셨습니다.

"내가 잃어버린 하느님께 당신을 위해서 기도하고 있습니다."

비오 신부님은 자기가 하느님을 잃었다고, 자신이 그렇게 부족하다고 생각하셨던 겁니다. 자신의 과거에 양심의 가책을 느끼고 자신의 고해가 아무 소용이 없다고 생각하셨어요. 그분은 고뇌하며 이렇게 외치셨죠.

"오, 제가 잃어버린 하느님!"

제대로 번역한 것인지 모르겠어요. 베네데토 신부님은 그 편지를 읽고는 "이 모든 일이 하느님의 뜻입니다. 이 캄캄한 어둠 속에서 그냥 계속 나아가세요. 이것이 당신의 사명입니다. 공동 속죄지요."라고 하셨습니다.

난 이 공동 속죄의 사명이라는 말에 사로잡혔습니다. 바오로 사도의 말씀처럼 우리가 예수님의 고통을 그분께 채워 주고 있는 것과 같은 거예요(콜로 1,24 참조). 보잘것없는 우리가 우리 식으로 무언가를 채우는 겁니다. 예수님께서 아직 당하지 않은 고통을 우리가 그분께 전가하고 있어서 비오 신부님은 지금 어마어마한 고통을 당하시는 것 같았습니다.

물론 비오 신부님이 대단한 문장가는 아닙니다. 《서간집》에 특별한 문체는 없었어요. 때로는 시인처럼 묘사해서 운문적이기도

하지만요. 전체적으로 어떤 문제를 택하려는 노력은 없지만, 마지막 편지들에서는 문학적인 표현을 많이 쓰셨어요. 그분은 영적 지도 신부님께 순종하느라고 편지를 쓰신 겁니다. 별로 쓰고 싶지 않으셨던 것 같았어요. 신부님은 자신의 내면 저 깊숙이 있는 것들을 말하고 싶지 않으셨던 것 같습니다. 그분은 제발 그것만은 면제시켜 달라고 청하기도 하셨어요. "만나서 말씀드리죠." 하셨지만 지도 신부님은 쓰라고 하셨죠. 그 덕분에 우리가 이런 훌륭한 《서간집》을 가질 수 있게 된 겁니다.

로마에서 나는 공의회 이후에 세운 바티칸의 새 부서에서 일하고 있었습니다. 그곳 사람들은 조금 천박해 보였어요. 그들은 세계 각지를 돌아다니고, 사회학, 심리학, 인류학, 동물학 그리고 그 외에도 많은 분야에 해박한 지식을 갖고 있지요. 그런데 이 세상은 더 나빠지고 있지 않습니까? 내 생각에 지금 이 시대를 사는 많은 이들이 자신을 버리고 제 십자가를 져야 한다는 성경 말씀을 비롯한 고난의 생활이라든가 기도 생활 같은 것들에서 많이 벗어나 있기 때문인 것 같습니다.

그런데 비오 신부님이 나를 이곳 산 조반니 로톤도에 데려다 놓으셨지요. 이것이 그 해답임을 깨달았습니다. 그분은 오늘날과 같은 소비가 만연한 사회, 특히 도시 생활에 교회를 다시 가져오신 것입니다. 교회의 참된 핵심, 제 십자가를 지고 나를 따라야 한다는 말씀을 실천하는 사람들이 적기 때문에 비오 신부님이 우리를 다시 초대하시는 겁니다. 그 때문에 그분이 예수님의 상처를 지니고 계셨던 것이지요. 비오 신부님은 이런 근본적인 물음에 해답을 주시며 예수님의 수난을 가르치는 분입니다. 비오 신부님을 위해서 하는 일이 교회를 위해서 내가 할 수 있는 가장 큰 일이라고 생각합니다.

9. 피에트루치오_시각 장애인
기도, 구원으로 이르는 길

그의 성은 뭘까? 베드로의 애칭인 피에트루치오는 들어 본 적은 있지만, 아무도 그의 성은 모르는 것 같았다. 나중에야 그의 성이 쿠지노라는 것을 알게 되었다. 그러나 피에트루치오라는 이름만으로도 그가 누구인지 충분히 알 수 있다. 많은 사람이 '눈먼 피에트루치오'를 안다. 그는 1913년에 태어나서 열두 살에 눈이 멀었는데, 그때 가족이 산 조반니 로톤도로 이사를 왔다. 그는 비오 신부가 가장 아끼는 영적 자녀다. 그런데 그가 비오 신부에게 자신이 눈을 뜨게 해 달라고 청했을까? 피에트루치오는 아무렇지도 않게 그런 청원은 한 적이 없다고 했다. 비오 신부가 오히려 그에게 다시 눈 뜨고 싶지 않냐고 물었다고 했다.

나는 피에트루치오의 이야기를 들으며 두 가지를 깨달았다. 가장 참된 가치를 보는 것은 수치로 나타나는 시력이 아니라는 것과 비오 신부가 영혼들을 구원하는 참된 목자라는 사실이다.

나는 비오 신부님께 시력을 다시 찾을 수 있느냐고 여쭤본 적이 없었습니다. 그런데 그분이 "자네, 다시 눈뜨고 싶지 않은가?" 하고 물으시더군요. "아니요, 신부님. 그런 생각은 해 본 적이 없습니다. 만약 다시 눈을 뜨는 일이 제 영혼을 구원하는 일이라면 저는 그 은총을 받겠습니다."라고 대답했지요. 비오 신부님은 이렇게 대답하시더군요.

"눈은 우리 육신의 창이네. 하지만 모든 위험이 우리 눈을 통해서 오는 거라네."

그래서 나는 "그러면 이대로 있는 것이 더 좋습니다."라고 대답했습니다. 비오 신부님께서는 여러 번 내게 말씀하셨어요.

"잘됐어, 피에트루치오. 자네가 이 세상의 나쁜 것들을 보지 못하니 말이야."

그래서 내가 말씀드렸죠.

"신부님, 저는 신부님과 함께 있으니 정말 행복합니다. 그러니 제 걱정은 하지 마세요."

1920년에 나는 여러 사람과 함께 비오 신부님을 방문했습니다. 그때는 제 눈이 건강했어요. 그런데 그분이 고해성사를 주시다가 사라져 버리셨어요. 사람들이 신부님 어디 가셨느냐고 난리가 났는데, 신부님께서는 "당신들 머리 위를 날아다녔지요." 하시더군요. 비오 신부님이 동시에 두 장소에 계신 일이 종종 있었기 때문에 사람들은 또 그분이 다른 곳으로 사라졌다고 생각했습니다. 그런 일이 여러 번 있었어요.

한번은 내가 구원받으려면 뭘 해야 하느냐고 여쭈어봤는데 신부님은 이렇게 대답하셨습니다.

"주님의 계명과 교회 법규를 잘 지키면 충분하다네. 영혼을 구하는 데 그것이면 충분하고말고. 만약에 자네가 훌륭한 그리스도인이 되지 못하면, 내가 성모님 앞에 갈 때 자네를 고발할 거야. 그건 자네가 나와 성모님께 진실을 말하지 않았기 때문이지. 그러니까 자네가 내게 거짓말을 하지 않았다고 해도 성모님께는 거짓말을 한 거라고."

사람들이 그분께 한말씀 더 해 달라고 청하면, 기도하는 사람만 구원받을 수 있으므로 항상 기도해야 한다고 하셨습니다. 어떻게 기도해야 하느냐고 다시 물어보면 그분은 이렇게 대답하셨어요.

"마음과 정신을 다해서 기도해야지요. 정신 없이 마음만 가지고 기도하면 소용이 없어요."

그분은 우리가 영혼을 다 바쳐 기도해야 한다고 말씀하셨습니다. 사람들이 "저는 집중해서 기도할 수가 없는데요" 하면, 비오 신부님께서는 이렇게 대답하셨죠.

"그러면 차라리 성모님 앞에 가서 아무 말도 하지 않는 게 나아요. 성모님을 위해서 시간을 내는 것으로 충분합니다. 주님께서는 우리가 그분을 위해서 바치는 시간만으로도 행복해하십니다."

또 이런 말씀도 하셨습니다.

"내 영적 자녀가 되고 싶으면, 신앙생활을 성실히 해야 해요."

그분은 모든 사람을 위해서 기도와 함께 고통과 슬픔을 성모님께 바치셨어요. 간혹 사람들은 자기가 신부님의 영적 자녀가 될 수 있냐고 묻기도 했습니다. 그러면 이렇게 대답하셨죠.

"내 영적 자녀가 되려면, 먼저 하느님의 훌륭한 자녀가 되어야지요. 하느님과 잘 지내지 못하면 아무 소용이 없어요."

10. 도로시 발스_방랑자
비오 신부는 나의 전부

도로시 발스가 고향 우루과이에서 비오 신부를 찾아온 길은 한마디로 '미로'였다. 우루과이에서 인도로, 홍콩으로, 그리고 산 조반니 로톤도로. 도로시 발스는 비오 신부의 성스러움과 카리스마적 매력에 끌려서 산 조반니 로톤도로 이사를 온 150여 명 중의 한 사람이었다.

스위스에서 온 소녀

나는 우루과이의 몬테비데오에서 태어났습니다. 1963년 11월 18일에 산 조반니 로톤도로 오기 전에는 요가와 철학에 관심이 많았어요. 세례를 받기는 했으나 성당에 다니는 신자는 아니었지요. 내가 세계 각지를 돌아다닐 때 과테말라에 사는 한 여인으로부터 비오 신부님의 이야기를 처음 들었습니다. 그때 나는 동양으로 갈 계획을 하고 있었는데, 떠나기 전에 비오 신부님을 만나면 좋겠다는 생각이 들었습니다. 밀라노에 사는 친구가 "비오 신부님을 만나기는 어려워. 산 조반니 로톤도에 있는 호텔에 편지해서 고해성사를 볼 수 있게 해 달라고 해 봐." 하더군요. 그런데 그 편지에 답장이 없었어요. 그래서 가지 않기로 했지요.

그러다가 스위스에서 온 개신교 소녀를 만나게 되었습니다. 그 소녀를 만나게 된 것은 처음부터 이상했어요. 뉴델리에 있을 때였는데, 내가 묵게 된 호텔로 그 소녀가 나보다 30분 뒤에 들어왔어요. 호텔 매니저가 나에게 "지금 방이 없어서 그러는데, 그 방의 빈 침대에 이 소녀를 재울 수 있을까요?"라고 묻더라고요. 나는 그 상황이 안타깝게 느껴져 그러겠다고 했습니다.

그 방에서 우리가 잠시 대화를 나누게 되었을 때, 그 소녀가 비오 신부님의 이름을 말하는 겁니다. 나는 자리에서 벌떡 일어났죠. "내 친구도 비오 신부님 이야기를 했는데, 그 이름을 또 듣게 되니 신기하군요. 그런데 그분은 만나기가 매우 어렵다던데?"라고 했더니 "무슨 말씀이세요? 난 개신교 신자인데도 그분을 뵈었어요."라고 하는 겁니다. 우리는 더 이상 이야기를 이어 나가지 않았지만 비오 신부님의 이름은 계속 뇌리에 남아 있었습니다.

소녀는 1월 11일에 인도의 바라나시에 있을 거라고 하더군요. "나도 11일에 바라나시에 갈 예정인데, 우리가 또 만날 수도 있겠군요."라고 말했습니다. 하지만 나는 그 소녀를 다시 만나고 싶은 생각이 없었어요. 그 소녀도 그런 생각을 하는 것 같았지요. 그래서인지 소녀는 네팔로 가고 나는 정반대 방향인 트리푸라로 갔습니다. 그런데 두 달 뒤 홍콩에서 그 소녀를 다시 만났지 뭐예요. 내가 머물렀던 호텔 10층에서요. 문을 연 지 겨우 열흘밖에 안 된 작은 호텔이었기 때문에 그곳을 아는 사람은 별로 없었을 텐데, 그곳에서 그 소녀를 다시 만날 줄이야……. 그리고 닷새 후 복도에서 우리는 또 마주쳤어요. 그런 일이 일어나자, 뭔가 초자연적인 힘이 있다고 느껴졌습니다. 비오 신부님을 찾아가지 않으면 안 되겠다는 생각도 들었어요.

그래서 나는 산 조반니 로톤도로 갔습니다. 나는 내가 찾던 고귀한 영성을 가진 분을 만나기 위해서 비오 신부님이 미사를 집전하시는 성당으로 들어갔습니다. 그분이 제단으로 나오시는 것을 보자마자, 내 주위의 공기가 움직이는 것 같은 느낌이 들더군요. 그것이 무엇인지 정확히 말할 수는 없습니다만, 무언가 영적인 힘을 느꼈습니다. 내 마음속에서 이런 대화가 시작되었습니다.

"순결은 없다고 말하는데, 그분은 순결하다. 사랑은 없다고 말하는데, 그분은 사랑이다. 박애가 없다고 말하는데, 그분은 박애이다."

1초도 안 되는 사이에 그분의 생활 방식과 사고방식에는 오류가 있을 수 없다는 확신이 들었습니다. 나는 깨달았습니다. '그분은 진리이다, 나는 그분을 따라야 한다'는 것을 말입니다. 그 짧은 시간 동안 나는 아무 의심도 없이 나의 새롭고 소중한 종교, 가톨릭으로 완전히 개종했습니다. 비오 신부님이 성당에 들어서자마자, 내가 그분을 보는 순간에 일어난 회심이었습니다. 그분이 미사를 시작했을 때 나는 이미 가톨릭 신자였습니다.

나의 전부가 된 비오 신부

그날 이후로 나는 산 조반니 로톤도에서 살았고, 한 번도 저의 신앙을 의심해 본 일이 없습니다. 파리에 살았을 때, 성당에 다니지는 않았지만 피곤하거나 마음이 힘들 때면 성당에 가서 고요함을 찾곤 했어요. 그러나 그것이 미사 시간은 아니었습니다. 나에게는 성당이나 회교도 사원이나, 절이나 모두가 다 같았죠. 나는 신을 믿었고 사랑했어요. 예수님의 부활도 믿었습니다. 모든 종교가 완전히 혼동되어 있었어요. 내가 따라 하던 요가도 정말 아름다운 몸짓이라고 생각했어요. 그러나 요가는 그저 준비 과정 중 하나일 뿐이라고 생각합니다. 지금 나는 복음서에서 더 큰 아름다움을 발견합니다. 복음서는 하느님의 사랑을 고스란히 전하고 있으니까요.

내가 1963년에 처음 여기 왔을 때만 해도 1~2주 동안만 머무를 생각이었어요. 여행하며 돌아다니는 데 지쳐서 휴식할 곳을 찾고 있었거든요. 비오 신부님을 만나게 되면 혹시 실망하지 않을까 하는 생각도 했었어요. 그러나 실제로 그분을 만나고 나니 그분이 얼마나 완벽하신지 알겠더군요. 그분을 더 깊이 알게 되면서, 그분의 인상이 점점 각인되었습니다. 그래서 나는 이곳에 살기로 결심했습니다. 한순간도 그분을 떠날 수가 없었어요. 밀라노에 사는 친구집에 맡겨 둔 내 짐을 전부 산 조반니 로톤도로 가져왔습니다. 비오 신부님은 나에게 정말 소중한 분이셨기 때문에 단 하루도 그분을 떠나고 싶지 않았어요. 나는 새롭게 알게 된 많은 것들을 잃어버릴까 두려웠어요.

악령에 붙잡힌 소녀

내가 말한 그 소녀 말이에요. 인도와 홍콩에서 만난 소녀요. 그 소녀도 비오 신부님에게 매료되어서 산 조반니 로톤도로 왔습니다. 하지만 그녀는 문제가 많았어요. 한번은 알약을 90개나 먹고 자살 기도를 했다고 합니다. 더욱 확실하게 하려고 오후 1시에 약을 부수어 먹었답니다. 다음 날 오후에 그녀가 발견됐는데 다행히 살아 있었대요. 그런데 손목을 벤 흔적이 있었다지 뭡니까. 정맥이 완전히 망가졌지요. 제정신이 아니었던 거예요. 그러고 나서 누군가가 그녀를 이곳 산 조반니 로톤도로 데려왔고, 비오 신부님을 통해서 그녀는 완전히 잃었던 정신과 기억력을 되찾았답니다. 그녀가 내게 말하기를 자기는 지옥의 문턱까지 갔었다면서, 회복되기 전에 이상한 것들을 많이 봤다고 하더군요. 그녀는 개신교 신자였지만 비오 신부님께 고마워하고 있었죠. 그분은 그녀에게 다시 살 기회를 주셨지요.

그녀는 결국 가톨릭 신자가 되었어요. 하지만 문제는 계속되었습니다. 성당에 있을 때면, 비오 신부님이 자기와 영적으로 대화를 한다고 생각하는 거예요. 그녀의 표정이 변하기 때문에 그녀가 누군가의 말을 듣고 있다는 것을 알 수 있었습니다. 그러고 나서는 고해소로 가서 비오 신부님과 이야기하곤 했어요. 그러나 그녀는 비오 신부님이 말씀하시는 것과 자신이 '영적으로' 들은 내용이 완전히 다르다고 말하는 겁니다. 그녀는 비오 신부님께 화를 내기도 했어요. 그런 이유로, 비오 신부님께서는 우리에게 이례적인 것과 불가사의한 것을 구하지 말라고, 그건 매우 위험하다고 말씀하셨답니다. 이 소녀의 결말은 매우 비극적이었어요. 그녀는 또 자살을 기도했고 결국엔 산 조반니 로톤도의 묘지에 묻혔습니다.

우리의 완숙함을 바라시는 분

그분이 나에게 바라시는 것은 완숙함입니다. 그리고 오늘날에도 여전히 그것을 바라실 겁니다. 난 비오 신부님이 좋아하시지 않는 행동을 하지 않으려고 노력합니다. 텔레비전을 보는 것과 같이 사소한 일일지라도 말입니다. 그분은 내가 텔레비전이나 영화, 유흥과 같은 오락에 빠지지 않기를 바라셨어요. 우리가 그분을 초대하지 않으면, 그분은 우리 집에 오시지 않았습니다. 우리의 의지를 존중하는 분이니까요. 그러나 "이거 해도 될까요?" 하면, 즉시 의견을 주셨습니다. 그분은 정숙함에 대하여 나름의 기준을 갖고 계셨는데 매우 엄격했지요. 나도 신부님의 생각이 옳다고 생각해요. 내가 텔레비전을 보면서 화가 난 일이 여러 번 있었는데 이 모든 일들이 다 내 머릿속에 있더라고요. 미사를 드릴 때조차도 이 때문에 집중할 수가 없었어요. 비오 신부님은 바로 이런 우리의 모습을 경계하라고 하셨을 겁니다. 하지만 그분은 고리타분한 사람이 아니었어요. 인간의 영혼에 대해서는 위대한 심리학자 프로이트도 배울 만한 대단한 지식을 갖고 계셨답니다.

비오 신부님이 나와 우리 가족들에게 베풀어 주신 은총은 셀 수 없이 많습니다. 큰어머니께서 이런 편지를 쓴 적이 있었습니다.

"비오 신부님께 말씀 좀 드려다오. 네 큰아빠가 정신 병원에 있는데, 전기 충격을 아홉 번이나 받으셨단다. 상태가 절망적이야."

비오 신부님은 전기 충격 요법에 반대하셨어요. 신부님께 큰아버지에 대해 말씀을 드렸더니, "큰일이군요. 그렇게 하면 사람이 미치지 않고서는 못 배기는데……."라고 우려하셨습니다. 그래서 전기 충격을 중지하라고 큰어머니에게 편지를 썼죠. 그런데 내가 편지를 보내기도 전에 큰어머니의 편지가 도착했습니다. 내 편지의 답장이 아니라 이미 나에게 편지를 쓰고 있었던 거예요. 편지에는 의사들이 새 방법을 쓰기로 했다는 내용이 적혀 있었어요. 그리고 얼마 뒤 큰아버지가 퇴원해서 직장에 다닌다는 소식도 들을 수 있었습니다. 그분은 완전히 나았습니다.

얼마 뒤에 나에게 종양처럼 보이는 것이 생겼습니다. 분명히 종양 같았어요. 나는 고해성사하러 가서 비오 신부님께 여쭤보았죠.

"병원에 가야 할까요? 종양 같아서요."

"가 보고 싶으면 가 봐요." 하시더니, 아주 작은 소리로 "그런데 걱정하지 말아요. 아무것도 아니니까." 하고 덧붙이시더라고요. 그래서 나는 병원에 가지 않았죠. 증세를 잘못 알았던 거였어요.

그분이 말씀하신 것들이 생각날 때는 가끔 나 혼자 소리 내서 웃기도 합니다. 그 말을 내가 그대로 되풀이하면 별거 아닌데 그분이 말씀하시면 멋있거든요. 예를 들어서, 내가 호텔에서 일할 때, 어떤 때는 한두 시간 이상을 잘 수가 없었거든요. 그래서인지 미사 중에 졸리더라고요. 나는 비오 신부님께 말씀드렸죠.

"신부님, 미사 시간에 졸려 죽겠어요."

나에게는 심각한 문제였죠. 나는 신부님이 대단히 심오한 대답을 해 주실 거라고 기대했어요. 그런데 그분은 중후한 목소리로 이렇게 말씀하시더라고요.

"잘 들어요. 잠이 오면, 일어서세요. 그래도 졸음이 오면, 넘어지겠죠. 하, 하, 하, 하!"

그분의 말투를 똑같이 따라 할 수는 없지만, 정말 마음이 가벼

워지더군요.

  내가 의기소침해 있을 때, 답답해서 속이 터져 버릴 것 같을 때면 그분은 나를 부드럽게 다독여 주셨습니다. 그분은 강한 사람에게는 사탕을 주지 않으십니다. 어떤 사람이 그분께 물었죠.

  "신부님, 왜 이제는 신부님 향기를 못 맡을까요?"

  그랬더니 그분은 "아니, 아직도 사탕이 필요한가요? 사탕은 아기들이 먹는 것인데?"라고 말씀하셨어요. 이런 것들이 내 영혼을 위한 묵상 거리였어요. 그것들이 나에게 힘을 주었답니다.

  비록 지금은 안 계시지만 그분은 나의 전부입니다. 나는 그분과 함께하고 있어요. 상상 속에서 하루 종일 그분과 이야기합니다. 이곳에 남는 것이 내 의무라고 느낍니다. 그분이 나를 이곳으로 인도하셨으니까요. 그분은 내 후견인이시고 내 우두머리이십니다. 나의 아버지요 어머니입니다. 그리고 아직도 제 안에 살아 계십니다. 그분을 향한 내 사랑을 그 무엇과도 바꿀 수가 없습니다.

PART III

소중한 인연들의 증언

여러 지역으로 스며든 비오 신부의 가르침

1. 스카티냐 부부_팔레르모
두 천사와 함께 나타난 비오 신부

1971년에 나는 산 조반니 로톤도에서 주세페 스카티냐를 만났다. 그는 1968년에 말기 단계의 암을 이겨 냈다고 했고 내가 그를 만났을 때 정말 건강해 보였다. 그러나 1978년 다시 그곳을 방문했을 때, 지난번과는 다른 암 때문에 생을 마감했다는 이야기를 들었다.

주세페가 첫 번째 암을 극복한 1968년, 스카티냐 부인은 비오 신부의 간구로 남편이 기적적으로 치유되었음을 증명하기 위하여 진술서와 조직 검사 결과지 등의 자료를 모으기 시작했다. 비오 신부가 시성이 되는 데 남편의 치유 사실이 중요한 자료가 될 수도 있기 때문이었다. 그러나 안타깝게도 주세페가 암으로 사망했기 때문에 그

경우는 고려되지 않았던 것 같다. 비록 두 번째 병이 첫 번째 병과 직접 관련이 없다 하더라도 비슷한 병이 같은 사람에게 발병하면 바티칸에서는 처음 병의 치유 사실을 기적으로 보지 않는다. 그렇지만 주세페의 죽음 전에 일어났던 기적 같은 일들은 모두 사실이다.

1978년, 산 조반니 로톤도 비오 신부의 묘소에서 스카티냐 부인과 부인의 조카 로사리아를 다시 만났다. 그들은 주세페의 죽음을 슬퍼했지만, 비오 신부가 영적 아버지라는 사실은 변함이 없다고 전했다. 주세페 스카티냐 부인과 어린 로사리아가 들려준 주세페의 치유 이야기를 들어 보자.

암 선고 그리고 절망

1966년 6월, 내 남편은 의사로부터 암을 진단받았습니다. 암은 왼쪽 무릎에 생긴 검고 조그만 점에서 시작되었지요. 그것은 남편이 태어날 때부터 가지고 있었던 작은 사마귀였는데 무릎 안에서 종양으로 변한 겁니다. 의사들은 수술하면 회복할 단순한 혈관 종양이라고 말했어요. 그래서 그 부분을 완전히 도려냈습니다. 꿰맨 자리는 아물었고 완벽하게 치료가 되었다고 생각했지요.

2년이 지난 1968년 6월, 남편은 약간 부어오른 왼쪽 사타구니에서 조그맣고 빨간 점 하나를 발견했습니다. 남편은 그 부분에서 통증을 느꼈습니다. 의사들은 단순히 림프샘이 눌려서 그런 것으로 생각하고 찜질을 권했습니다. 그리고 관절 류머티즘 치료제인 코르티손을 주사하고 진통제와 연고를 처방했습니다. 그러나 증상이 나아지지 않았어요. 원인이 될 만한 상처나 감염이 없었는데도 림프샘은 더 부어올랐고 통증도 심해졌습니다. 의사들이 생각한 치료법이 듣지 않았던 거지요. 10월 23일, 비오 신부님이 돌아가신 지 30일 되는 날, 통증은 더욱 심해졌어요. 남편은 음식을 전혀 먹지 못했기 때문에 체중이 많이 줄었고 볼도 나날이 움푹 패어 들어갔지요. 그래서 다시 병원에 입원하기로 했습니다.

의사들은 수술이 필요하다고 의견을 모았습니다. 수술로 제거할 수 있는 종양이라 판단했던 거죠. 하지만 절개하고 보니 건드리면 안 될 악성 종양이었습니다. 진단이 잘못된 겁니다. 의사들은 아주 깊게 뿌리를 내린 레몬 크기의 종양 두 개를 도려냈어요.

조직 검사는 병리 해부학 연구소의 크락시 박사님이 했는데, 그의 보고는 비참했습니다. 림프샘 전이 피부암. 암이 그 정도로 전이되었다면 말기 단계이며 더 이상 희망은 없다고 했습니다. 상처가 아물기도 전에 의사들이 그를 퇴원시켰습니다.

나으리란 믿음

남편의 상태가 얼마나 나쁜지 그가 모르길 바랐지만 소용 없는 일이었어요. 그는 이미 다 알고 있었어요.

"이 지경인 나를 집으로 보낸다면 희망이 없다는 거겠지? 당신도 그렇다는 걸 알고 있고."

나는 허탈하게 말하는 남편에게 비오 신부님이 세웠다는 그 병원으로 가자고 했고, 남편은 내 말을 따랐습니다. 모든 걸 포기한 듯한 남편의 목소리에 마음이 찢어지는 것 같았습니다.

하지만 '고통을 덜어 주는 집' 카사에서라면 암이 나으리라는 믿음이 있었어요. 남편은 그곳에서 엑스레이를 찍고 재검진을 받았습니다. 데루카 박사님은 무뚝뚝하지만 솔직한 분이셨어요. "손을 써도 가망이 없는 환자라면 우리 병원에 받지 않습니다. 하지만 나는 인정에 이끌려 주세페 씨가 입원하는 것을 허락했습니다. 부인도 아시겠지만 남편의 상태는 희망이 없습니다. 나는 부인이 남편에게 위안을 주려고 여기 오셨다는 것을 잘 알고 있습니다. 만약 남편이 검사를 원한다면 해 드리겠습니다. 몸 전체를 다 찍어 드리지요. 그러나 지금 상태에서 의학적으로 할 수 있는 처방은 없습니다. 솔직하게 말씀드려 미안합니다만 숨김없이 말씀드리는 게 제 의무입니다."

믿음이 이루어 낸 기적

남편은 1968년 11월 8일부터 13일까지 카사에 있었습니다. 나는 시간을 쪼개어 병원과 비오 신부님의 묘소를 다녔습니다. 그때 남편이 아주 잠깐 환영을 보았는데, 비오 신부님이 거대한 바위를 들려고 애쓰시는 모습이었다고 합니다. 그런데 젊은이들이 둘러서서 그분을 비웃으며 말했답니다.

"저렇게 큰 바위를 어떻게 들 수 있겠어? 불가능한 일이야."

그 환영을 본 남편이 나에게 말했습니다.

"여보, 비오 신부님도 나를 살릴 수 없어. 그런데도 당신은 매일 그분께 기적을 청하고 있군!"

우리 부부는 '로사리아'라는 어린 여자아이를 키우고 있습니다. 시칠리아에 지진이 일어났을 때 태어난 제 조카예요. 그 아이는 우리를 엄마, 아빠라고 부릅니다. 하루는 남편이 이렇게 말했어요.

"난 죽어도 괜찮아. 하지만 이 아이가 자라는 걸 못 보는 게 가슴 아프고 속상해."

그는 로사리아를 더 이상 볼 수 없다는 사실에 슬픔을 감추지 못했습니다. 나는 수도원 카르멜로 원장 신부님께 남편을 위하여 특별 기도를 드려 달라고 청했습니다. 그분은 이 비참한 상황을 안타까워하시며 그분의 방에 가서 신부님의 피가 묻은 헝겊 조각 하나를 가져다주셨습니다. 그리고 이렇게 말씀하셨어요.

"저는 이런 일을 아무에게나 하지 않습니다. 이 일은 금지된 일이지만 부인과 주세페 씨를 위해 하겠습니다. 이걸 가지고 가서 남편의 환부에 붙이세요. 제가 할 수 있는 일은 여기까지입니다."

귀한 것을 얻은 기쁨은 말로 표현할 수 없었지요. 나는 그 유품을 가지고 병원으로 달려갔고 남편에게 이렇게 말했어요.

"이건 비오 신부님 유품이에요. 상처에 붙이세요."

그날 밤 데루카 박사님이 들어오셔서 이렇게 말씀하셨죠.

"부인, 이것들은 모두 주세페 씨의 엑스레이 사진들입니다. 그러나 남편에게는 보여 주지 마십시오. 이것을 확인하는 일은 고통스러울 겁니다. 남편은 앞으로 이틀밖에 살지 못할 겁니다."

다음 날 아침, 1968년 11월 13일, 나는 데루카 박사님께 여러 검사들을 다시 요청하면서 엑스레이도 다시 찍어 달라고 했습니다. 그리고 얼마 뒤에 박사님이 나를 부르셨습니다. 내 심장은 쿵쾅쿵쾅 뛰고 있었어요. 박사님은 이렇게 말씀하셨어요.

"이 엑스레이들은 물론이고 다른 검사에서도 문제가 보이지 않습니다."

나는 박사님이 말씀을 다 끝내기도 전에 소리를 쳤어요.

"드디어 비오 신부님께서 기적을 행하셨군요!"

그러자 박사님께서는 이렇게 말씀하셨습니다.

"부인, 저는 의사입니다. 이 일을 어떻게 설명해야 할지 모르겠군요. 믿기 어렵지만 새로 한 검사 결과에서는 아무 이상이 없다고 나옵니다. 제가 할 일은 이제 없는 것 같습니다. 비오 신부님이 도와주셔서 남편에게 기적이 일어났다고 믿으신다면 이제 집으로 가셔도 좋습니다. 저는 의사로서 가끔 재검사를 해 보시라는 말씀만 드릴 수 있습니다. 행운을 빕니다."

박사님은 곧장 남편에게로 가서 물었어요.

"좀 어떠세요?"

"전혀 아프지 않습니다. 아무렇지도 않아요. 제가 아팠던 것 같지도 않고요."

"정말입니까? 일어나서 걸을 수 있겠습니까?"

"네, 할 수 있습니다!"

그러자 박사님은 "좋습니다! 곧 짐을 챙겨서 집으로 가십시오."라고 하시며 퇴원해도 좋다는 서류에 서명하셨습니다.

병원에서 나온 우리는 제일 먼저 수도원으로 가서 카르멜로 원장 신부님께 감사 인사를 드렸습니다. 그리고 나는 그분께 이렇게 말씀드렸죠.

"신부님, 우리가 생각하는 것처럼 제 남편이 완치된 것이 사실이라면, 저는 비오 신부님의 시복식 절차를 위해서 15,000달러를 봉헌하겠습니다."

카르멜로 신부님은 "부인이 해야 할 일은 마음속의 그 믿음을 간직하는 것입니다. 부인의 믿음이 놀라운 일을 이룬 겁니다. 남편과 기쁜 마음으로 돌아가십시오. 그거면 됩니다."라고 말씀하셨습니다.

우리는 시칠리아로 돌아갔습니다. 그는 식욕이 왕성해져 잘 먹기 시작했고, 정상 체중 이상이 되었어요. 그의 얼굴은 더 이상 창백하지 않았고 움푹 패어 볼품없던 모습도 찾아볼 수 없었습니다. 남편은 자유롭게 다니면서 그가 할 수 있는 일을 찾아서 했어요. 통증이 없으니 몸을 사리는 일도 없었지요. 6개월마다 다시 했던 검사도 결과가 좋았기 때문에 약도 더 이상 먹지 않았어요.

비오 신부의 환영을 본 로사리아

이번에 로사리아가 우리와 함께 이곳 산 조반니 로톤도에 왔는데, 그 아이의 이야기도 해 드릴게요. 혹시 '비오 신부 어린이집'을 아시나요? 비오 신부를 주보 성인으로 모신, 불우한 어린이를 위한 집이지요. 1968년 11월 30일, 토요일 아침 9시부터 9시 30분까지 나는 그곳의 식품 저장실에서 요리사 프란체스 시라구사와 함게 일을 하고 있었어요. 우리는 그날 할 일을 준비하느라 바빴습니다. 그 당시 22개월쯤 된 로사리아는 식품 저장실 문 가까이에 서 있었어요. 그런데 갑자기 그 애가 누구에게 안기려는 듯 두 팔을 앞으로 내밀고 뛰어가는 거예요. 그 아이는 "파파 비오! 파파 비오! 파파 비오! 파파 비오!"를 외치고 있었어요.

그 애 얼굴은 발갛게 상기되어 있었고, 반짝이는 눈에는 어떤 두려움도 서려 있지 않았어요. 로사리아는 천사 같아 보였어요. 아름다운 모습이었습니다. 그 애는 상자들 사이를 보면서 누군가를 찾고 있었어요. 나는 감자 자루들과 기름통들 사이에서 움직일 수가 없었습니다. 어떤 말도, 어떤 생각도 할 수가 없었어요. 마치 동상처럼 가만히 서 있을 수밖에 없었어요. 하지만 그 아이가 지금 누군가를 보고 있다는 건 확실히 알 수 있었습니다. 나는 정신을 가다듬고 로사리아에게 물었어요.

"로사리아, 무슨 일이니? 너 누구를 찾는 거니?"

로사리아는 명확하고 또렷한 목소리로 대답했어요.

"나 파파 비오를 봐쪄(봤어)."

그 아이가 동사를 제대로 사용한 건 그때가 처음이었어요.

"나는 파파 비오를 봐쪄."

로사리아는 곧 내가 서 있던 식품 저장실 구석, 비오 신부님이 서 있던 자리를 손가락으로 가리켰어요. 그 애는 계속 "저기에서. 난 봐쪄. 공중에 떠 있어쪄(있었어)."라고 했어요.

식품 저장실에 비오 신부님 사진이 있었냐고요? 당연히 없었어요. 비오 신부님은 물론 다른 성인들 사진도 없었습니다. 조그만 도자기 성모상 하나가 치즈와 햄에 거의 가려져 있었습니다. 그곳엔 그 아이가 비오 신부님을 떠올리게 할 만한 건 전혀 없었어요. 다른 사람들도 무슨 일인가 하고 우리가 있는 곳으로 왔습니다. 그 아이는 나에게 말한 것처럼 다른 사람들에게도 자기가 본 신부님을 똑같이 표현했습니다. 그리고 무언가에 홀린 듯이 문 쪽으로 가더니 거기에 서는 겁니다. 로사리아는 "여기!"라고 외치더니 거기에 있던 토마토 상자들을 끄집어 내리면서 무언가를 찾으려고 했어요. 나는 멍하니 그 모습을 바라보았습니다.

며칠 후, 어린이집 설립자이신 비토 보나돈나 신부님이 로사리아에게 비오 신부님의 사진을 보여 주시면서 "너, 이 사람이 누군지 아니?"라고 물었어요. "이건 파파 비오야. 그런데 작은 천사들이 없네?"라고 그 애가 말했어요.

그분이 "천사들이라니?"라고 묻자, 로사리아가 "응, 천사가 둘 있어쪄. 여기하고 여기에."라고 말하며, 손가락으로 비오 신부님 사진의 좌우를 가리켰어요. 그 순간 그 아이는 11월 30일 아침처럼 눈을 반짝였고 환한 미소를 지었어요. 태양이 그 아이만 비추기라도 하듯이 로사리아는 빛이 났어요. 신부님께서 놀라시며 "하지만 이 사진에는 천사가 없지 않니?"라고 하자 그 아이는 사진을 들고 비오 신부님이 서 있던 자리로 가서 이렇게 말하는 거예요.

"여기하고 여기에 작은 천사가 두 명 있어쩌. 그리고 여기엔 파파 비오가 있어쩌."

신부님은 어떤 천사였는지 알고 싶어 하시며 "천사들은 뭘 했니? 가만히 서 있었니?"라고 더 물으셨지요. 아이는 말없이 가만히 있었어요. 겁이 났던 것 같아요. 신부님이 재촉하셨어요.

"말 좀 해 봐. 천사들이 어떤 옷을 입었지? 날개가 있었니?"

아이가 겨우 대답했어요.

"아, 아니, 날개는 없어쩌(없었어)."

한 달 정도 지났을 때 가르멜회 실베스트로 스칼초 신부님이 우리에게로 오셨습니다. 그분도 로사리아의 소문을 들으셨기 때문에 우리를 식품 저장실로 데리고 가서 그날 아침 일어났던 일을 물으셨어요. 아이가 이야기를 바꾸는지 보려고 일부러 물으신 것들도 있었어요. 그러나 아이는 똑같은 단어를 쓰면서 되풀이해서 대답했습니다.

신부님이 아이에게 물으셨어요.

"말해 봐. 네가 본 작은 천사 말이야, 날개가 달려 있었니?"

그분은 확실하게 그렇다는 대답을 기대하고 있었죠. 그런데 아이는 "아니야, 날개는 없어쪄."라고 단호하게 대답했습니다.

일정을 마친 신부님이 돌아갈 시간이 다 되었고 인사를 하시려고 아이 가까이 왔을 때, 로사리아는 흥분해서 손을 뒤흔들며 불쑥 어른처럼 말했어요.

"아, 실베스트로 신부님!"

그 말이 마치 "나는 이젠 더는 할 말이 없어요."를 의미하는 듯했지요.

2. 마르가리타 해밀턴_로마
영적 자녀들의 수호자

내가 로마로 마르가리타 해밀턴을 찾아갔을 때 그녀는 81세였다. 이 인터뷰에서 나는 기대했던 것 이상을 얻었다. 나는 마르가리타 해밀턴뿐 아니라 그녀 곁에 있던 친한 친구 조반나 보스키 후작 부인도 만났다. 두 사람은 비오 신부의 영적 딸들 중에서도 가장 헌신적이었고 특별히 축복받은 이들이었다.

내가 지금까지 들었던 비오 신부의 이야기 중에서 가장 놀라운 이야기를 마르가리타가 조용하고 침착하게 전했다. 나는 그녀가 전하는 이야기에 놀라서 입을 다물지 못했다.

1968년 9월 23일 새벽 2시 30분, 조반나는 비오 신부의 침상 곁에서 그가 임종하는 모습을 지켜보았다. 그 시간에 그녀가 비오 신부의 방에 있었다는 사실이 말도 안 되는 일이라고 생각할지도 모른다. 그러나 나는 그녀의 말을 믿는다.

우선 그녀의 이야기에 앞서 다른 두 가지 이야기부터 시작해야 할 것 같다. 하나는 비오 신부의 이야기이고 또 다른 하나는 비오 신부 생전에 오랫동안 함께 생활한 알베르토 신부의 이야기이다. 그들의 이야기가 마르가리타의 놀라운 이야기를 증명한다. 독자들이 이 인터뷰를 읽은 다음에 이 사건들을 꿰어 맞추기 위하여 이 서문을 다시 읽을지도 모르겠다.

우선 비오 신부의 진술을 보자. 그것은 비오 신부가 자신의 영적 지도자인 아고스티노 신부에게 써 보낸 편지이다. 비오 신부는 당시, 서품을 받지 않은 카푸친회 수사 신학생이었다. 아고스티노 신부가 비오 신부의 편지를 읽고 그 편지를 조반나에게 보여 주었다. 그리고 그녀가 우연히 비오 신부에게 그 이야기를 하자, 그는 그 편지를 자신이 썼다고 확인해 주었다. 당시 비오 수사의 편지는 다음과 같다.

비오 수사의 편지

저는 며칠 전에 놀라운 경험을 했습니다. 밤 1시경(1905년 1월 18일), 분명 아나스타시오 수사와 함께 성당에 있었는데, 어떤 큰 부자의 저택에 있다는 것을 불현듯 깨닫게 되었습니다. 그 집 주인의 딸이 태어나려는 순간이었는데, 아이러니하게도 그 집 주인은 임종을 맞이하고 있었습니다.

그때 성모님께서 나타나셔서 저를 향해 말씀하셨습니다.

"곧 태어날 아이를 네가 돌봐 주고 보호해 주어라. 지금은 미숙한 아이지만 장차 귀한 보석이 될 것이다. 이 아이를 잘 지도해 주고 빛나게 만들어라. 언젠가 이 아이가 나의 영광을 드러낼 것이기 때문이다."

"어떻게 그런 일이 가능합니까? 저는 보잘것없는 신학생이며 제가 사제가 될 기쁨과 행운을 얻게 될지도 아직 모릅니다. 만약 제가 사제가 된다 해도 그 멀리에서 어떻게 이 아이를 돌볼 수 있겠습니까?"

"나를 의심하지 마라. 이 아이가 너에게 갈 것이다. 로마의 성 베드로 대성당에서 그 아이를 만나게 될 것이다."

이제는 알베르토 신부의 이야기이다. 이것은 산 조반니 로톤도의 카푸친회에서 출판하는 잡지 〈비오 신부의 목소리〉에 실린 내용이다. 그 기사에서 알베르토 신부는 '조반나'라는 이름 대신 'G.R.'이라는 이니셜을 썼다.

〈비오 신부의 목소리〉에 실린 이야기

G.R.의 아버지는 우디네의 프리메이슨 정회원이었습니다. 프리메이슨 회원들은 그의 죽음이 임박하자 밤낮으로 저택을 둘러싸고 사제들이 그에게 고해성사와 병자성사를 주지 못하게 감시했습니다. 그가 운명하기 몇 시간 전에 임신 중이던 부인이 남편 침상 곁에서 눈물로 기도를 드리고 있는데, 어떤 카푸친회 수사가 방에서 나가 저택의 복도로 사라지는 모습을 보았습니다. 부인이 곧 뒤쫓아갔으나 그는 사라지고 없었다고 합니다.

바로 그 순간, 밖에 매어 놓았던 개가 짖기 시작했습니다. 부인은 신음하는 듯한 그 소리를 차마 들을 수가 없어서 개를 풀어 주려고 아래층 문으로 향했습니다. 그런데 그때 갑자기 그 부인은 아무 통증도 어려움도 없이 여자아이를 낳았습니다. 조산이었습니다. 출산 준비를 전혀 하지 못했던 부인 곁에는 오직 집사만이 있었습니다. 부인은 기운을 내어 일찍 태어난 아기를 안고 2층으로 올라가 자리에 눕혔습니다.

집사는 한 사제가 주인에게 고해성사를 주기 위해 프리메이슨의 저지선을 통과하려고 애쓰는 것을 알고 있었습니다. 그래서 갓 태어난 아기를 핑계로 밖으로 나가 말했습니다.

"여러분은 그 사제가 우리 주인님의 임종 자리에 못 가게 막을 권리가 있습니다. 그러나 이제 막 태어난 아기에게 세례를 주려는 것까지는 막지 말아 주십시오."

결국 그들은 그 사제가 집 안으로 들어가는 것을 허락했습니다. 사제는 곧장 죽어 가는 주인의 방으로 들어가서 죄 고백을 듣고 병자성사를 주었습니다. 잠시 후 그는 하느님의 자비가 자기 영혼과 함께하기를 간청하면서 숨을 거두었습니다.

남편이 죽자, 과부가 된 부인은 딸아이를 데리고 친정으로 가서 살았습니다. 아이는 비오 신부님을 알지도 못했고, 그 아이의 삶을 인도할 하느님의 계획도 모른 채 자랐습니다. 아이는 종교 교육을 잘 받았지만, 고등학교에 다닐 때 하느님을 믿지 않는 선생님들 때문에 시련을 겪기도 했습니다. 설상가상으로 그녀는 자신의 질문에 대답해 줄 만큼 신학적으로 조예가 깊은 사제를 알지도 못했습니다.

1922년 여름, 그녀는 고해성사를 보려고 로마 성 베드로 대성당에 갔습니다. 운이 나쁘게도 그때 고해성사를 줄 사제가 그곳에 없었다고 합니다. 성당지기가 오더니, 곧 성당 문을 닫아야 하니 다음 날 다시 오라고 했고, 그때 젊은 카푸친회 수사 신부가 자기 쪽으로 오는 것을 보았습니다. 그래서 그녀는 "신부님, 고해성사를 보게 해 주세요."라며 간청했습니다.

그 신부는 대성당 왼쪽 두 번째 고해소로 들어갔습니다. 고해성사를 마친 G.R.이 그 신부에게 삼위일체 신비의 의문을 풀어 달라고 했고 그는 이 신앙의 신비를 상세하게 설명해 주었습니다. 그동안 소녀를 괴롭히던 궁금증이 완전히 해결되었습니다.

G.R.은 그 사제에게 고맙다는 인사를 하려고 고해소 밖에서 기다렸습니다. 하지만 아무리 기다려도 나오지 않았습니다.

그때 성당지기가 다시 와서 성당 문을 닫을 시간이라고 했습니다. 소녀는 방금 고해성사해 준 신부님께 감사 인사를 드리려고 기다리고 있다고 대답했습니다. 그러고는 고해소를 손으로 가리키면서 고해성사를 주신 카푸친회 신부님이 저 안에 계신다고 했습니다. 성당지기가 그 사제가 누구인지 직접 보려고 가서 문을 열었습니다. 그런데 고해소는 텅 비어 있었습니다. 성당지기는 "학생, 여기를 봐요. 아무도 없어요."라고 말했습니다.

깜짝 놀라서 소녀가 소리쳤습니다. "어디 가셨지? 내가 여기서 움직이지도 않고 기다렸는데? 그분이 나오시는 걸 못 봤다고요!"
이상한 일을 겪은 소녀는 황당해하며 집으로 돌아갔습니다.

1923년 여름 방학에 G.R.은 비오 신부님을 만나러 산 조반니 로톤도에 처음 갔습니다. 비오 신부님에게 고해성사를 본 소녀의 친척이 소녀에게도 고해성사를 보라고 권했기 때문이었습니다. G.R.은 북적거리는 사람들 사이에서 비오 신부님과 맞닥뜨렸습니다. 신부님은 걸음을 멈추고 소녀를 자세히 보았습니다.

"내 딸아, 마침내 왔구나. 너를 오래 기다렸단다."

신부님은 그녀를 환영했습니다. 놀란 G.R.이 대답했습니다.

"신부님, 저를 아시나요? 저는 산 조반니 로톤도에 처음 왔거든요. 신부님께서 저를 아실 리 없어요."

비오 신부님은 그 소녀를 안심시키며 "우리는 만난 적이 있단다. 작년에 로마 성 베드로 대성당에서. 고해 신부를 찾던 너에게 내가 고해성사를 주었지. 내가 바로 그 카푸친회 수사 신부란다." 라고 말씀하셨습니다.

G.R.은 카푸친회 신부가 신비스럽게 사라진 그때 일을 듣고는 몹시 당황했습니다. 비오 신부님은 이야기를 이어 갔습니다.

"자, 지금부터 내 말을 들어 보렴. 네가 태어나기 전에 성모님이 나를 네 집으로 데려가셨단다. 그래서 난 네 아버지의 임종을 지켜보았지. 성모님은 당신의 간구와 네 어머니의 눈물과 기도로 네 아버지가 구원받았다고 말씀하셨단다. 그 말씀 후에 네 어머니가 곧 아이를 낳을 것이고, 그 아이를 나에게 맡긴다고 하셨단다. 내 딸아, 그래서 나에게는 너를 돌볼 의무가 있단다."

소녀는 감정이 복받쳐서 울기 시작했습니다. 그러고는 "신부님, 신부님이 저를 돌보신다고 하셨으니 이제 제가 어떻게 살아야 할지 말씀해 주세요."라고 말했습니다. 비오 신부님은 "이곳에 자주 오너라. 내가 네 영혼을 안내할 테니 너는 하느님의 뜻에 따라서 살게 될 거란다."라고 말씀하셨습니다.

얼마 후 비오 신부님은 그 소녀를 프란치스코 제3회에 맡겼고, '야고바'라는 수도명을 갖게 하셨습니다. 그 이름이 듣기에 좋지 않았기 때문에, 소녀는 그 이름 대신 '글라라'라고 하면 안 되냐고 물었습니다. 하지만 비오 신부님은 완강했습니다.

"혹시 아시시의 성 프란치스코의 책을 읽어 본 적이 있니? 그 책에 '테솔리 야고바'라는 이름의 부인이 나오는데, 프란치스코 성인께서는 프란치스코회를 후원하는 그 부인의 선의를 높이 평가하며, 그 부인을 사랑스러운 어머니라고 부르셨단다. 그분이 프란치스코 성인의 임종을 지켜보는 은총을 받은 것처럼, 내가 죽을 때 너는 내 곁에 있을 거란다. '야고바'로 말이다."

비오 신부님의 열성적 지도 아래서 G.R.은 덕을 쌓으며 신심 깊고 사랑스러운 여성으로 성장했습니다. 그녀는 결혼해서 아름다운 성가정을 이루었고, 자주 산 조반니 로톤도로 가서 영적 지도 신부님을 만났습니다. 그러나 신부님이 돌아가시던 해, 몇 달 동안에는 자주 갈 수가 없었습니다.

어느 날 그녀에게 비오 신부님의 다정한 목소리가 들렸습니다.

"산 조반니 로톤도로 오너라. 나는 오래 살지 못할 것 같구나. 바로 오지 않으면 나를 보지 못할 수도 있을 것이다."

그때는 G.R.도 노부인이었습니다. 그럼에도 친구와 함께 급히 산 조반니 로톤도로 가서 그곳 호텔에 묵었습니다. 부인은 비오 신부님이 돌아가시기 나흘 전에 마지막으로 고해성사를 보는 행운을 얻었습니다. 비오 신부님은 부인을 보자 이렇게 말했습니다.

"부인이 나에게 고해하는 마지막 사람이 될 것이오. 이제 나는 부인이 범한 모든 죄를 사합니다."

부인이 "신부님, 왜 고해성사를 더 줄 수 없다고 말씀하세요?"라고 묻자 "내가 이 세상을 떠나게 될 테니까 앞으로 고해성사를 줄 수 없다고 한 것이오."라고 대답하셨습니다. 그제야 부인은 비오 신부님이 돌아가실 것을 알고는 눈물을 글썽이며 고해소에서 나왔다고 합니다.

1968년 9월 22일 저녁, 비오 신부님이 오상을 받은 지 50주년이 되는 날에 그분을 뵈려고 세계 각지에서 온 수천 명이나 되는 영적 자녀들에게 신부님은 마지막 축복을 하셨습니다. 그리고 그분은 죽음을 맞을 준비를 하려고 자신의 방으로 가셨습니다.

이날 G.R.은 비오 신부님이 예언한 것처럼, 자신이 비오 신부님의 방에서 그분의 임종을 지켜보고 있다는 사실을 깨닫게 됩니다. 신심 깊은 부인은 그분이 고통스러워하며 기도하시는 것을 보았습니다. 그리고 펠레그리노 신부에게 고해하고 수도 서원을 갱신하는 것도 지켜보았습니다. 또한 침대에서 테라스로 옮겨지는 것도, 흰옷을 입은 의사 세 명이 그분을 돕는 것도 보았습니다. 그 후 비오 신부님께서 병자성사를 받으시는 모습도 지켜보았습니다. 부인은 그분이 돌아가시는 것을 보고 소리쳤습니다.

"비오 신부님이 돌아가셨어, 비오 신부님이 돌아가셨다고!"

부인이 외치는 소리는 동행한 친구와 호텔에 있던 많은 사람을 깨웠습니다. 친구가 부인에게 나쁜 꿈을 꾼 것이라고 말하며 진정시키려 했으나 G.R.은 당장 옷을 입고 수도원으로 달려갔습니다. 벌써 성당 앞 광장에는 사람들이 모여 있었고 카푸친회 수사가 비오 신부님의 죽음을 공식적으로 발표하고 있었습니다.

며칠 후 그녀는 내게 비오 신부님의 죽음을 지켜봤다고 말했습니다. 나는 그 말을 믿고 싶지 않았습니다. 그러나 그녀는 자기 말을 믿기 바란다며 이렇게 말했습니다.

"비오 신부님이 돌아가실 때 본 그 방을 묘사해 보겠습니다."

여기서 나는 이 사실을 강조하고 싶습니다. 1969년 12월 이전에 비오 신부님의 방을 사진 찍은 적이 없었고, 어떤 여자도 그 방에 들어가도록 허락된 적이 없었습니다. 부인이 신부님 방의 아주 작은 부분까지 세세하게 묘사해 나갈 때 내가 얼마나 놀랐을지 상상해 보십시오.

"이제 그만하셔도 됩니다. 그분이 돌아가실 때 부인이 그 방에 있었던 것을 믿겠습니다."

지금부터 마르가리타 해밀턴과의 인터뷰를 시작한다.

나는 비오 신부님과 가까운 만큼 조반나와도 가까웠습니다. 조반나 보스키는 후작 부인입니다. 클라리체 브루노는 자신의 책 《비오 신부에게 가는 길》에서 조반나를 '바닌나 보스키'라고 부르고 있습니다. 조반나와 나는 예나 지금이나 많은 것을 함께하는 한결같은 친구입니다.

비오 신부님이 동시에 두 장소에 나타나신 첫 번째 이야기는 그분이 이곳 로마에 나타나신 것입니다. 그때 비오 신부님은 분명히 산 조반니 로톤도에 계셨습니다. 그분은 그 마을을 떠나지 않으셨지만 로마에 있던 내 친구 조반나 앞에 나타나셨습니다.

마르가리타 해밀턴은 나에게 조반나가 로마의 고해소에서 비오 신부를 만난 이야기를 해 주었다. 마르가리타 해밀턴의 이야기가 몇 년 전 알베르토 신부가 한 이야기와 완벽하게 똑같다는 데에 나는 놀라움을 금할 수 없었다. 이야기가 전해질 때 더해지거나 부풀려지게 하지 않으려는 노력도 엿볼 수 있었다.

비오 신부와 장미

조반나는 산 조반니 로톤도에서 비오 신부님을 처음 만난 후에, 40년 동안 그분에게만 고해성사를 보았습니다. 이상한 일들이 그녀에게, 우리에게, 그리고 비오 신부님을 아는 모든 사람에게 일어났지요. 굉장한 일이 나에게 직접 일어나지는 않았지만, 실제로 일어난 일들은 정말 놀라웠어요. 바로 이 장미 이야기처럼요.

조반나는 우리 집에서 나와 함께 살았습니다. 그녀는 벽 가까이에 있는 큰 침대를 사용했어요. 침대 옆에는 작은 탁자가 있었고요. 그 맞은편에는 조금 큰 탁자가 또 있었어요. 어느 날 조반나는 몸이 아파서 자리에 누워 있었습니다. 아침이 되자 그녀는 겨우 몸을 일으켰고 우리는 함께 테라스로 나갔습니다. 거기에는 눈부실 정도로 크고 아름다운 장미가 한 송이 피어 있었지요. 조반나는 "저 장미 내가 가져도 되니?"라고 물었고 나는 단호하게 "안 돼, 이건 이 나무의 첫 장미야. 그래서 이건 내 방에 있는 성모상 앞에 놓아야 해."라고 했어요.

조반나의 컨디션은 다음 날에도 좋지 않았기 때문에, 계속 누워 있어야 했어요. 그래서 나는 혼자 테라스로 나갔지요. 나가 보니 장미가 또 한 송이 피었더라고요. 나는 그 꽃을 꺾어서 "조반나, 이 장미는 너에게 줄게. 이건 두 번째 핀 꽃이야."라고 했고, 조반나는 "이 장미는 비오 신부님께 드려야겠다."라고 말했어요.

벽 가까이에 있는 탁자 위에는 비오 신부님의 사진이 든 작은 액자가 놓여 있었어요. 나는 그 장미를 꽃병에 꽂아서 신부님 액자 옆에 놓아 두었어요. 오후에 친구가 놀러 왔고 우리는 침대 그 옆에 앉았어요. 그런데 친구가 이렇게 말하는 거예요.

"비오 신부님이 어쩌면 저렇게 창백해 보이실까? 편찮으시면 안 되는데."

그래서 내가 "아니야, 신부님이 창백하신 게 아니라 장미 색깔이 너무 진해서 그래."라고 말했죠.

나는 얼른 장미를 치우고 "자, 어때? 신부님 이젠 괜찮으시지?"라고 했고, "그래, 이젠 괜찮으시다! 장미 때문에 신부님이 창백해 보이셨구나!"라고 그녀가 말했습니다. 나는 "맞아, 장미 때문이야."라고 말하고는 장미를 다시 꽃병에 꽂아 두었죠.

우리 셋이 한참 이야기를 하고 있는데 갑자기 내 친구가 "저, 저…… 저……" 하는 거예요. 내가 "왜 그래?"라고 묻자, 친구는 "자, 자, 자, 장미가……!"라며 장미를 가리켰어요. 아까 그곳에 둔 장미가 없어진 겁니다. 나도 놀라서 "어? 내가 저기에 꽂아 두었는데……?"라며 말을 잇지 못했어요. 우리는 여기저기 살펴보며 장미를 찾았습니다. 혹시 침대 밑에 떨어지지 않았나 해서 침대에 누워 있는 조반나를 일으켜 세우기까지 했죠. 그러나 장미는 완전히 사라져 버렸어요. 그러자 조반나가 "비오 신부님께서 장미를 받으셨나 봐."라고 말했습니다. 그 후 우리는 장미 이야기를 더 하지 않았습니다.

20일쯤 지나서, 우리는 산 조반니 로톤도로 갔습니다. 그리고 조반나는 비오 신부님께로 갔죠. 신부님은 작은 접견실에 계셨어요. 그런데 신부님 그 장미를 들고 계시는 거예요! 그 장미 말이에요. 신부님은 정말 밝은 표정으로 "장미 정말 고맙구나."라고 하셨습니다. 조반나는 너무 놀라서 말문이 막혔어요. 그러다가 정신을 차리고 "신부님, 그 장미 저한테 주세요."라고 했어요. 신부님은 흔쾌히 "그래."라고 하셨고요. 그 장미는 지금 조반나가 액자에 넣어서 잘 보관하고 있습니다. 이 이야기는 비오 신부님과 관련된 수많은 일화 중 하나예요.

비오 신부의 장갑

조반나는 비오 신부님의 장갑을 가지고 있었어요. 신부님이 돌아가신 지 일 년쯤 됐을 때 갑자기 그 장갑을 나한테 준다는 거예요. 하지만 말뿐이었죠. 아무리 기다려도 주지 않았어요. 그러던 어느 날 비오 신부님이 조반나 꿈에 나와서 이렇게 말씀하셨대요.

"네가 데이지(마르가리타의 애칭)에게 내 장갑을 주겠다고 했으니 그 약속을 지키렴. 그러면 너는 다른 것을 갖게 될 거다."

다음 날 아침에 조반나가 "이 장갑 너 가져. 내가 너한테 주기로 약속했으니까."라고 했고, 나는 "고마워. 너에게는 비오 신부님의 물건이 많으니까 이 장갑은 내가 가질게."라고 말했어요. 사실 조반나는 신부님의 이름이 새겨진 성경을 비롯해 여러 가지 물건들을 많이 가지고 있었어요.

그런데 어느 날 아침이었어요. 조반나가 잠옷 바람으로 내 방으로 뛰어 들어왔어요. 조반나는 흥분한 목소리로 "나 신부님의 장갑을 다시 갖게 되었어!"라고 했습니다. 나는 너무 놀라서 어떻게 된 일이냐고 물었고, 조반나는 이불을 정리하려고 담요를 당겼더니 베개 위에 내 것과 똑같은 장갑이 있었다고 했습니다.

큰 위험에서 구해 준 비오 신부

비오 신부님께서 나를 도와준 일이 참 많았어요. 그분이 나를 도와주었다는 건 확실히 알지만 그걸 구체적으로 증명할 수가 없어요. 예를 들면, 신부님이 돌아가신 그해, 나는 친구와 산레모에 갔었어요. 매일 비가 왔죠. 하루는 점심을 먹고 있는데 해가 반짝 났어요. 나는 친구에게 "프랑스 어디든 좋으니 떠나자!"라고 말했어요. 그런데 친구는 "자동차로 어딜 가기는 너무 늦었는데?"라고 말하는 거예요. 나는 "아냐, 망통까지는 무난해."라고 했고 우리는 떠났습니다.

망통은 한 번도 가 본 적이 없는 국경 부근이었지만 나는 그쪽 지리를 잘 알고 있었어요. 우리는 국경에서 가장 가까운 벤티밀리아에 도착했습니다. 그런데 갑자기 목이 너무 말랐어요. 그렇게 심한 갈증은 태어나 처음 느꼈어요. 말을 하기가 어려운 지경이었죠. 나는 친구에게 "올가, 제발 자동차 좀 멈춰 줘. 나 목이 너무 말라. 뭐라도 마실 수 있게 해 줘."라고 말했어요. 그 후로 나는 말을 할 수 없었어요. 입이 완전히 말라 버렸으니까요.

마침내 우리는 포르상뤼에 도착했고, 옆길로 빠져서 차를 세워 둘 수 있는 곳을 찾았어요. 거기에 카페와 기념품 가게가 있었죠. 내가 "올가, 저기로 들어가자."라고 말하자 그녀는 그 주변에 차를 세워 주었습니다.

우리가 차에서 내려 카페로 걸어가고 있었는데 갑자기 무서운 굉음이 들렸어요. 나는 "폭탄이야!"라고 소리쳤죠. 그러고는 급히 카페로 들어갔어요. 내가 주인을 보고 "무슨 일인가요? 누가 이 근처로 폭탄이라도 던졌나요?"라고 물었지요.

바깥 상황을 알아본 카페 주인이 우리에게 이야기해 주었습니다. 우리가 멈추기 전에, 우리 앞에 어마어마하게 큰 노란색 이삿짐 차가 있었어요. 내가 친구에게 농담으로 "참 경치 좋네!"라고 했죠. 눈에 보이는 건 우리 앞의 큰 트럭뿐이었기 때문에 반어법으로 그렇게 말한 거예요. 우리가 보지는 못했지만, 우리 뒤에도 큰 트럭이 한 대 있었대요. 우리가 길을 벗어나 주차를 하자마자 뒤에 오던 트럭이 앞 트럭을 들이받았답니다. 사고가 날 때 트럭 운전사가 "브레이크 고장이야!"라고 소리쳤대요. 만약 우리가 계속 달렸다면, 만약 내가 목이 마르지 않았다면 우리는 큰 트럭 둘 사이에서 짓이겨졌겠지요.

그 이야기를 들었을 때 나는 다짜고짜 "비오 신부님이 도와주신 게 분명해."라고 말했어요. 그렇게 심하던 갈증도 싹 없어졌어요. 친구가 "너 뭐 마시고 싶니?"라고 물었을 때 "아무것도 마시고 싶지 않은데, 그래도 뭔가 마셔야겠지? 차를 멈추게 한 사람이니까."라고 말했습니다. 갈증은 감쪽같이 사라졌습니다.

나는 마르가리타 해밀턴에게 왜 비오 신부가 자신들을 살려 줬다고 생각하느냐고 물었다.

비오 신부님이 항상 우리를 보호해 주신다는 것을 알고 있으니까요. 나는 이 일을 누구에게도 알리지 않았어요. 그런데 내가 집에 돌아오니까 조반나가 달려와서 나를 껴안았어요. 내가 조반나에게 "널 다시 보다니 이건 기적이야."라고 했죠.
그런데 세상에, 조반나가 눈물을 글썽이며 모두 다 알고 있다고 말했어요. "네가 안다고? 네가 어떻게 아니?"라고 물었더니, 비오 신부님이 꿈에 나와서 말씀해 주셨다는 거예요. 그렇지 않으면 조반나가 알 턱이 없었겠죠. 왜냐하면 나는 이 일을 아무에게도 알리지 않았거든요.

고통의 순간에 찾아온 치유의 기적

비오 신부님이 그분의 영적 자녀들의 수호자이심을 보여 준 증거가 또 있어요. 나는 35년간 경련성 비염을 앓고 있었어요. 그것 때문에 정말 괴로웠죠. 아침마다 통증을 느꼈습니다. 재채기가 시작되면 두세 시간 동안 멈추질 않았어요. 얼굴도 부어올랐고요. 손수건을 열 장 넘게 써야 했답니다. 큰 남자 손수건 말이에요.

가족들이 유능한 의사를 찾아서 여러 곳으로 나를 데리고 다녔지만 아무 소용이 없었어요. 재채기가 내 인생을 많이 바꿔 놓았어요. 이 때문에 나는 결혼도 포기했어요. 내가 낳은 아이가 재채기로 고통스러워한다면 정말 절망스러울 것 같았죠.

그런데 얼마 후 증상이 나아졌어요. 매일 아침 나를 괴롭히던 재채기가 이틀에 한 번으로 줄더니 오랫동안 안 나오기도 했어요.

어느 날, 나는 비오 신부님께 고해하고 축복을 청하기 위해 그분 앞에 무릎을 꿇었습니다. 신부님은 내 머리 위에 손을 얹으셨죠. 그런데 내 목이 어깨로 들어가는 것 같았어요. 나는 신부님 손에 입을 맞추고 집으로 돌아왔어요. 그런데 그 후로 한 번도 재채기를 한 일이 없었어요. 다시는 발작이 일어나지 않았다고요. 물론 창가에 가면 재채기가 나는 경우가 있죠. 하지만 그런 재채기는 누구나 하는 거 아닙니까? 어쨌든 다시는 그 고통스러운 재채기를 하지 않았어요. 단 한 번도요. 알레르기가 어떻게 한 번에 사라졌는지 누가 설명할 수 있겠어요? 나는 그분 덕분임을 알지만 그걸 어떻게 증명할 수 있을까요?

비오 신부님이 나를 도와주신 적이 또 한 번 있었는데 내 귀에 종양이 생겼을 때입니다. 내가 산귀네티 부인('고통을 덜어 주는 집'의 원장 산귀네티 박사의 아내)에게 편지를 보냈어요. 이런 내용이었죠. "저는 독감으로 누워 있습니다. 귀에 종양이 났기 때문에 귀가 전혀 안 들립니다. 고막이 터졌다고 합니다. 하느님의 뜻이라고 생각합니다만, 귀가 안 들리는 채로 살고 싶지는 않습니다."

산귀네티 부인은 "신부님, 마르가리타가 지금 독감을 앓는데 귀가 안 들린다는군요. 신부님께 말씀드려 달라고 하지는 않았지만, 너무 걱정돼서요."라고 말씀드린 후 그 편지를 비오 신부님께 읽어 드렸다고 합니다. 신부님은 부인이 청하는 것이 무엇인지 알아차리셨지만, 부인이 갈 때까지 아무 말씀도 안 하셨대요. 부인이 나가려고 하니까 그제야 부인을 부르시더니 "데이지의 청력이 망가지지 않도록 기도해 주겠다고 전해 줘요."라고 말씀하셨답니다.

한편, 가르다 호수에 시르미오네라는 곳이 있는데 거기에서 청각 장애인들을 치료해 주는 곳을 알게 되었지요. 나는 조반나에게 말했어요.

"거기 가야겠다. 청력을 잃은 뒤에 비오 신부님께 고쳐 달라고 하고 싶지 않아."

나는 그 병원으로 갔습니다. 의사 선생님이 내 귀를 보더니 다짜고짜 "이쪽 귀의 상태가 매우 좋지 않아요. 이쪽으로는 전혀 들리지 않을 것 같군요."라고 말하는 것입니다.

병원에 오기 전만 해도 소리가 전혀 들리지 않았는데, 신기하게도 의사 선생님의 목소리가 잘 들렸습니다.

"선생님. 지금은 양쪽으로 다 들려요. 아깐 분명 전혀 들리지 않았는데……."

"분명 한쪽 귀로만 들리는 것일 텐데, 양쪽에서 다 들린다고 착각하시나 봅니다. 일단 청력 검사부터 해 봅시다."

청력 검사를 하려면 앞에 유리창이 있는 작은 방으로 들어가야 했죠. 아주 높은 소리, 낮은 소리, 그리고 높은 소리를 들려주는 식으로 검사를 진행했습니다.

기능사가 검사를 끝내고 결과 보고서를 내게 주었습니다. 의사 선생님이 의아하다는 듯이 말했습니다.

"양쪽으로 다 듣고 계시는군요. 결과지가 증명하고 있네요. 정말 이상한 일입니다. 고막의 상태가 매우 안 좋거든요. 염증이 심해요. 염증이 아물면서 상처가 굳어지면 고막이 진동할 수가 없어

소리가 들리지 않게 됩니다. 부인의 고막에는 이런 상처들이 아주 많습니다. 이 정도라면 소리가 전혀 안 들리는 게 정상입니다만……."

그때 산귀네티 부인이 내게 보낸 편지가 생각났습니다. 비오 신부님께서 내가 청력을 잃지 않도록 기도해 주시겠다고 하신 게 생각났어요. 그래서 나는 의사에게 말했어요.

"분명 비오 신부님이 도와주신 거예요."

그렇게 병원을 나왔어요. 나는 비오 신부님이 기도해 주셨기 때문에 내 귀가 들린다는 것을 알고 있습니다.

사람들이 그리스도인으로 살아가는 데 비오 신부가 어떻게 도와주는지 물었다.

산 조반니 로톤도에 가서 빈손으로 돌아오는 사람은 없습니다. 물질적인 것이 아니라 영적으로 사람들이 달라집니다. 생활 방식도 바뀌고요. 몇 해씩이나 성당에 가지 않던 사람들이 산 조반니 로톤도에 한 번 다녀오면 다시 성당에 나가게 됩니다. 내가 그곳에 수도 없이 다녀왔기 때문에 잘 알아요. 나는 봤거든요.

비오 신부님이 돌아가시기 전에 우리가 방문했던 이야기를 해 드리죠. 그러나 그 전에, 내가 조반나를 처음 만났을 때 그 애한테 들은 이야기부터 해 드려야겠네요.

조반나가 프란치스코 제3회에 입회할 때 자신의 수도명을 뭐라고 하면 좋겠냐고 신부님께 물었대요. 조반나는 '글라라'를 생각하고 있었고 신부님도 당연히 좋다고 하실 줄 알았겠죠. 그런데 그분은 "네 이름은 '야고바'가 될 거야."라고 말씀하신 거예요. 조반나는 그 이름이 마음에 들지 않았나 봐요. 그랬더니 야고바가 프란치스코 성인의 임종을 지킨 이야기를 해 주셨대요. 조반나도 '야고바'라는 이름으로 신부님의 임종을 지켜볼 거란 예언까지도 하셨고요. 하지만 시간이 흐르고 조반나는 그 일을 완전히 잊어버렸다고 했어요. 요즘에도 가끔 "신부님의 그 말씀을 기억 못 했다니, 내가 정말 할 말이 없어."라고 말합니다.

아시시의 성 프란치스코와 야고바의 이야기가 어떻게 끝났는지 떠올려 보면서 야고바와 조반나 사이의 관계를 깨닫게 되었습니다. 이제 우리에게, 아니 조반나에게 일어난 일을 말씀드리죠.

약속이 이루어진 밤

1968년 9월 22일이었어요. 조반나와 나는 비오 신부님의 오상 50주년을 기념하기 위해서 산 조반니 로톤도에 갔습니다. 그날 그곳을 찾은 사람이 너무 많아서 우리는 호텔 방을 같이 써야 했어요. 우리는 한밤중이 되어서야 잠자리에 들었죠. 그런데 그 애가 무척 불안해하더라고요.

"너, 이 소리 들려? 지금 저 개가 짖는 소리 말이야. 어쩌면 저렇게 불길하게 짖어 대니?"

"아니, 난 아무 소리도 안 들려."

내가 고개를 갸웃대며 다시 일어나 앉았는데 그제야 그 소리가 들리는 거예요. 내 귀에도 그 소리가 조금 불길하게 느껴졌어요.

토스카나에서는 한밤중에 개가 짖는 소리를 죽음의 울부짖음이라 부른대요. 사람이 죽을 때 개가 그렇게 짖는다고요. 어쨌든 우리는 분명히 그 소리를 들었습니다. 불안한 마음이 들었지만 내일 일정을 위해 우리는 다시 잠자리에 들었어요. 얼마나 지났을까요? 갑자기 조반나가 비명을 지르는 거예요.

"신부님이 돌아가실 것 같아! 안돼! 신부님이 돌아가셨어!"

나는 깜짝 놀라서 침대에서 벌떡 일어났죠.

"조반나, 너 악몽을 꾼 거니? 무슨 일이야?"

새벽 2시 반. 조반나는 울면서 말했어요.

"내가……, 내가 신부님 방에 있었어. 꿈이 아니었어. 내가 진짜로 거기에 있었어. 이를 어째, 비오 신부님이 돌아가셨어. 내가 분명히 봤단 말이야. 다섯……."

이 부분은 정확하게 기억나질 않아요. 조반나가 무엇을 보고 다섯이라고 했는지.

"세 명이 흰옷을 입고 있었어."

"조반나! 비오 신부님이 돌아가셨다고? 아니, 네가 비오 신부님 방에 있었다고? 어떻게 그런 일이 가능하니? 분명 꿈일 거야. 아주 나쁜 꿈."

나는 이 사실을 믿지 않았어요. 아니 믿을 수가 없었어요. 조반나가 눈물을 닦으면서 말했어요.

"분명히 의사들이었어. 그리고 비오 신부님은……."

내가 다그치듯이 물었어요.

"비오 신부님이 왜? 어디 계셨는데?"

"그들이 신부님을 내려다보고 있었어. 그분이 돌아가셨어."

나는 지금에서야 그때가 바로 비오 신부님이 돌아가신 순간이었다고 말할 수 있어요. 하지만 그 당시엔 정말 혼란스러웠어요. 분명 나와 잠을 자고 있던 조반나가 신부님의 임종을 보았다니요. 정말 믿을 수가 없었어요.

조반나가 허둥지둥 옷을 꺼내 입으며 말했어요.

"비오 신부님께 가 봐야겠어."

"조반나, 제발! 정신 좀 차려 봐. 이 밤중에 어딜 간다는 거니?"

"나는 가야 해. 비오 신부님께 가 봐야 한다고!"

급히 문을 열고 뛰어나가는 조반나는 반쯤 정신이 나간 사람 같았어요. 너무 혼란스러웠어요. 머리로는 '정신을 차리자. 나도 얼른 옷을 입고 따라가야 한다. 얼른 움직이자.'라고 생각했지만 몸이 움직여지질 않았어요. 그런데 멀리서 조반나의 울음소리가 들렸어요. 나는 잠옷 차림으로 달려 나가 조반나를 끌어안았어요. 그리고 말했죠.

"조반나, 제발 진정해. 이렇게 울지 말고 마음을 가라앉히자."

나는 조반나를 데리고 들어와서 침대에 앉혔어요. 그리고 차분하게 말했어요.

"조반나, 그건 분명 꿈이었을 거야. 만약 신부님이 돌아가셨더라도 그분은 네가 이렇게 행동하기를 원하지 않으실 거야."

그때 누군가 우리 방의 문을 두드렸어요. 경비 아저씨와 그의 딸이었어요. 그도 비오 신부님의 영적 아들이었죠. 우리 소리를 듣고 올라온 그는 "무슨 일이죠? 제가 뭐 도와드릴 일이라도 있나요?"라고 말했어요. 나는 조반나를 힐끔 쳐다보며 말했어요.

"조반나가 그러는데, 비오 신부님이 돌아가셨대요."

비오 신부님이 돌아가셨다는 말에 그의 얼굴이 하얗게 변해 버렸지요. 조반나의 상태가 좋지 않았기 때문에 나는 황급히 문을 닫았어요. 그리고 차분한 목소리로 조반나에게 말했습니다.

"신부님에게 나쁜 일이 생겼더라도 우리가 어떻게 행동하느냐에 따라서 그분의 평가가 달라진다는 것을 잊지 말아야 해."

"그래, 알고 있어. 그런데 제발 한 번만 확인해 줘. 신부님이 정말로 돌아가신 건지. 신부님은 오랫동안 편찮으셨다가 갑자기 괜찮아지시곤 하셨으니까. 네가 직접 가서 확인해 줘."

나는 얼른 옷을 입고 광장으로 달려갔어요. 가장 먼저 눈에 띈 것은 거기 서 있던 스무 명 정도 되는 경찰들이었어요. 그렇게 이른 시간에 경찰들이 와 있던 적은 없었어요. 길게 늘어서 있던 경찰들 중 한 명에게 비오 신부님이 정말 돌아가셨냐고 물었어요. 그는 차분한 목소리로 대답했습니다.

"전 모릅니다. 아무것도 몰라요. 날이 밝기 전까지는 아무것도 알 수 없습니다."

그는 그렇게 명령받은 것 같았습니다. 비오 신부님의 사망 소식이 알려지면 사람들이 몰려오리라는 것을 예상하고 사제들이 경찰들을 부른 것이었습니다. 교회 정문 가까이에 서 있던 더 높은 계급으로 보이는 경찰에게로 가서 물었어요.

"제발 알려 주세요. 비오 신부님이 정말 돌아가셨나요?"

그러나 그도 아까 그 사람과 똑같이 대답했어요.

"전 모릅니다. 아침이 되기 전까지는 말할 수 없습니다."

하지만 그는 울고 있었습니다. 그 모습을 뒤로하고 호텔로 돌아왔습니다.

한낮이 되어서야 비오 신부님의 시신이 공개되었고 우리는 그분을 본 후에 다시 호텔로 돌아왔습니다. 그때 새벽에 문을 두드렸던 경비가 다시 찾아왔습니다. 그를 보자마자 내가 말했습니다.

"용서해 주세요. 새벽에는 내가 너무 정신이 없었거든요. 그렇게 불쑥 신부님이 돌아가셨다고 말하는 게 아닌데……."

"아닙니다. 오히려 감사드립니다. 사실 저는 부인께 감사하려고 왔습니다. 새벽에 그 이야기를 들었을 때는 큰 충격을 받았어요. 옆에 있던 딸아이가 바로 제게 약을 주었고 저는 금방 괜찮아졌습니다. 제가 밖에 나가서 갑자기 그 소식을 들었다면 아마 쓰러져 죽었을지도 모릅니다."

이 사건에서도 아시겠지만, 특별히 대단한 일이라고 말할 수는 없지만, 아무에게도 피해가 가지 않게 그 큰일이 벌어졌던 거예요. 아무도 다치지 않았지요. 정말 끔찍한 밤이었어요. 내가 백오십 년을 산다 해도 절대로 잊지 못할 것입니다.

3. 안드레 만다토_플레인필드(미국 뉴저지)
화해와 참회로 이끄는 고해성사

비오 신부에게 고해하러 오는 사람들이라고 해서 누구나 다 탕자는 아니다. 하지만 대부분은 탕자와 같은 사람들이다. 그들이 비록 아버지의 집을 한 번도 떠난 적이 없다 해도 훈계는 필요했다. 비오 신부는 고해를 죄에 대한 죄책감을 깨닫게 하는 수단으로 사용하였다. 때때로 고해자에게 쓰는 그의 치료법은 안드레 만다토가 묘사한 것처럼 충격적이다. 만다토의 아들 비오 만다토는 미국 뉴저지 오상의 카푸친회 관구에서 사제로 서품되었다.

나는 주일 미사는 열심히 드렸지만, 고해성사를 제대로 본 적은 없었어요. 그런데 비오 신부님께 다녀온 후로 고해성사의 은총이 얼마나 큰지 깨달았습니다.

내가 그분께 처음 고해성사했을 때, 그분은 내가 어떤 죄들을 더 지었는지 말씀하셨어요. 신부님은 "자네 욕설을 자주 하는군." 하셨고, 나는 "네, 제가 좀 그랬던 것 같습니다." 했지요. 그분은 "자, 그러면 하느님께 용서를 빌게. 그 고백만으로는 충분하지 않아." 하셨습니다. 이 말은 나에게 충격을 주었습니다. 나는 고해소를 나오자마자 내 속의 무엇인가가 나를 짓누르는 것을 느꼈지요. 나는 울기 시작했어요. 눈물을 참을 수가 없었어요. 사는 동안 이 경험은 잊을 수가 없을 것입니다. 생전 처음 하느님께 죄를 짓는다는 것이 무엇을 뜻하는지 알게 되었습니다. 나는 이제 욕설을 하지 않습니다. 이것이 내가 비오 신부님께 받은 은혜이지요. 다시 죄를 짓고서 말로만 "하느님, 저를 용서하소서." 하는 일은 없을 것입니다.

요즈음 사제들은 성모송이나 주님의 기도 같은 보속을 주지요. 그러나 비오 신부님은 30일 동안이나 속죄하게 하셨습니다. 내가 고백한 죄가 크지는 않았지만, 그분은 내게 한 달 보속을 주셨다니까요. 그것은 내가 다시는 죄를 짓지 않게 하는 데 좋은 징계가 되었지요. 그분의 목적은 나를 깨닫게 만드는 것이었습니다.

내가 열여덟인가 열아홉 살이었을 때 친구들과 같이 비오 신부님을 만나러 갔었습니다. 우리는 작은 뜰로 들어갔는데 사람들이 열 명쯤 있더군요. 우리는 그분과 이야기를 나누었죠. 그분은 쾌활하셨고 기분이 좋아 보이셨어요. 농담도 하시고요. 우리끼리는 "그분은 성인이셔."라고 말합니다. 그러나 그분이 우리와 함께 이야기하실 때는 성인으로 보이지 않는 겁니다. 웃기도 하시고 농담도 하시는, 다른 사람들과 같은 인간으로 보이는 거지요. 우리는 그분을 만질 수도 있고, 또 내가 당신과 이야기하는 것처럼 그분과도 이야기할 수 있었으니까요.

나는 볼로냐에서 재봉 일을 하며 살았습니다. 1961년에 나는 미국으로 가기로 했는데 비오 신부님이 그렇게 되도록 도와주셨어요. 어느 날 밤, 꿈을 꾸었는데 비오 신부님이 내 미국 입국 신청서가 반려되었다고 분명하게 알려 주시는 겁니다. 미국에 가는 것이 나에게 얼마나 중요한 일인지 그분께 말씀드렸더니 다시 신청해 보라고, 새 후원자를 세워서 다시 청원서를 내면 잘될 거라고 말씀하셨어요. 잠에서 깨고 나니 이 꿈을 믿어야 할지 말아야 할지 알 수가 없더군요. 그러나 이 걱정은 오래가지 않았습니다. 그날 오후에 내 이민 신청이 기각되었다는 것을 알게 되었지요. 나는 입국 신청서를 다시 냈고, 우리 가족 모두는 비자를 받았습니다.

나는 비오 신부가 특별히 들려준 이야기가 있는지 물었다.

생각나는 이야기가 하나 있어요. 어떤 변호사가 죽어서 천국에 갔답니다. 그런데 지루하더래요. 왜냐하면 두 달 동안 소송이 없었거든요. 변호사가 "베드로 사도가 천국 열쇠를 가지면 안 됩니다."라고 말했고 어떤 사람이 왜 그러냐고 물었대요. 변호사는 "요한 세례자가 베드로의 일을 맡아야 합니다. 요한은 예수님의 사촌이고, 또 예수님의 선구자였습니다. 그러니 천국 열쇠를 가질 권리가 있습니다."라고 말했답니다. 모두가 변호사의 말에 찬성했지요. 이 소문이 천국에 다 퍼졌답니다. 하느님께서 이 소문을 듣고는 "도대체 무슨 일이냐?" 하셨대요. 변호사가 자초지종을 말씀드리니 하느님께서는 "재판을 해야 하겠구나." 하셨답니다.

베드로가 열쇠를 손에 들고 서 있었고, 변호사는 맞은편에 있었답니다. 하느님께서 변호사에게 "말해 보거라." 하고 명하셨지요.

변호사는 "전능하신 아버지, 저는 베드로가 열쇠를 가지면 안 된다고 생각합니다."라고 말했고 하느님께서는 이유를 물으셨대요. 변호사는 "요한은 당신의 아드님인 예수의 사촌입니다. 요한은 선구자로서 예수의 오심을 말한 사람입니다."라고 대답했대요. 그의 말은 설득력이 있었어요.

하느님께서도 그렇다는 듯이 고개를 끄덕이셨대요. 베드로는 겁이 났지요. 그리고 열쇠를 뺏길지도 모른다는 생각이 들었습니다. 그때 베드로가 들고 있던 열쇠를 땅에 떨어뜨렸습니다. 마침내 하느님께서 변호사에게 "그것은 내 아들이 이미 결정한 일이다. 내 아들이 한 일은 영원히 변치 않으리라."라고 말씀하셨답니다. 베드로는 열쇠를 집어 들고 변호사에게 "천국에 변호사가 오는 것은 자네가 마지막일세. 다음부터 변호사는 천국에 못 들어오네."라고 말했답니다.

비오 신부님께서는 산 조반니 로톤도에 오는 모든 사람을 동등하게 만드셨습니다. 부자는 가난해지고, 가난한 자는 부자가 되는 곳이 산 조반니 로톤도이지요. 거기서는 마음을 터놓고 이야기할 수 있어요. 내 문제를 다른 사람과 나눌 수 있어요. 아무도 "나는 아무개요!" 하고 뽐내지 않지요. 모두가 "나 역시 평화를 찾는 가난한 자요."라고 말합니다.

4. 알폰소 다르테가_로마
우연이 아닌 일들

　제2차 세계 대전이 일어났을 때 알폰소 다르테가를 포함하여 수만 명의 군인들이 비오 신부를 방문했다. 다르테가는 작곡가이며 교향악단 지휘자로서 국제적 명성을 얻고 있었다. 인터뷰를 통해 다르테가가 전한 이야기들은 전쟁 중에 비행 중인 전투기와 폭격기 조종사들에게 비오 신부가 나타난 이야기가 사실임을 확실하게 해 준다. 루이지 바르치니가 쓴 책《이탈리아인들》에서 제2차 세계 대전 중에 조종사들이 비오 신부를 본 사건(또는 그와 유사한 사건)을 묘사하고 있다. 12년 동안이나 비오 신부의 개인 비서였던 도미니코 마이어 신부가 가지고 있는 다른 사람들의 편지가 이 사실의 신빙성을 높인 것과 같이, 잡지 기사들도 이에 대한 신빙성을 더해 주었다.

하늘을 날아다니는 수사

전쟁 중이던 1944~1945년에 나는 공군 특별 부대에 있었습니다. 산 조반니 로톤도 부근 아멘돌라의 공군 기지에 주둔하고 있었지요. 전쟁 전에도 비오 신부님 이야기를 듣기는 했지만, 아멘돌라에 있을 때 우리의 마스코트였던 열 살짜리 사내아이, 알베르토 칼랄라가 산 조반니 로톤도에 계신 성스러운 수사님의 몇 가지 기적 이야기를 들려주었답니다. 그래서 비오 신부님이 멀지 않은 곳에 계신 것을 알게 되었지요.

어느 날 저녁, 작전에 참여했던 비행사 몇 명과 술을 마시면서 이야기를 나누고 있었는데, 조종사 한 명이 "그 유령을 또 봤어." 하는 겁니다. 처음에는 그가 무슨 이야기를 하는지 몰랐어요. 그런데 또 다른 조종사도 그 유령 이야기를 하더라고요. 나는 그 친구들이 술을 너무 많이 마셔서 그러려니 생각했지요.

그때 술을 마시지 않았던 조종사 한 명이 이야기를 덧붙였습니다. 그가 아드리아해에 폭탄을 떨어뜨리는 임무를 수행할 때 이야기였습니다. 이 녀석이 설명하기를, 전투기로 비행하고 있는데 갑자기 자기 앞에 수도회 수사로 보이는 사람이 팔을 흔들면서 자신의 비행 속도에 맞춰 날더랍니다. 부조종사도 그 사람을 보았다는군요. 그래서 그들은 폭탄을 떨어뜨리지 못했다는 것입니다. 사람이 하늘을 날고 있으니 겁이 났던 거죠. 기지에 돌아와 전투 상황을 보고했을 때 폭탄 떨어뜨리는 임무를 해내지 못했다고 호되게 야단을 맞았답니다.

그 당시에 포페라는 조종사가 있었어요. 내가 그 이름을 똑똑히 기억합니다. 포페가 지상에서 근무했던 내 친구 앤드류에게 자기도 유령를 보았다고 말했다는 겁니다. 포페는 전투기에 폭탄을 싣지는 않았지만, 그 녀석도 '날아다니는 수사'의 모습을 보았다고 했습니다. 그 녀석은 카푸친회 수사로 묘사하지는 않고, 갈색 수도복을 입었다고 했습니다.

이 이야기를 들은 다른 조종사들은 그 수사를 궁금해했고, 하늘을 나는 수사를 본 조종사 한 명을 군용 지프에 태워 산 조반니 로톤도로 보냈습니다. 그곳에서 비오 신부님을 만난 그 조종사는 하늘에서 본 사람이 그분이라고 확언했지요. 그런데 그 조종사 이름이 뭔지 모르겠어요.

그뿐만이 아니에요. 나는 시카고 출신인 조종사 한 명이 하늘에서 비오 신부님을 보았다고 말하는 것을 똑똑하게 들었습니다. 그는 비오 신부님의 사진을 보기 전까지는 그 사람이 비오 신부님이라고 확실하게 말하지 못했어요. 당시에 그는 개신교 신자였는데 가톨릭으로 개종해서 나중에는 사제가 되었답니다.

간절함이 열어 준 고해소의 문

세월이 흘러 1964년에 마침내 비오 신부님에 대한 제재가 풀려 다시 그분을 뵐 수 있게 되었습니다. 비오 신부님께 고해하려면 절차를 밟아야 한다는 것을 알지 못하고(그때는 표를 받아야 했다) 아내와 나는 산 조반니 로톤도에 갔습니다. 우리가 그곳에 머물 수 있는 시간은 이틀뿐이었어요. 고해성사를 위한 표를 받으러 빈첸시오 신부에게로 갔더니 "닷새 기다리시오." 하는 겁니다. 어찌나 실망스럽던지 울 뻔했습니다. 이번이 처음 하는 고해라고 했더니 표를 주더군요. 하지만 그 표를 쓸 수가 없었어요. 나는 힘없이 작은 통로를 걸어 나왔습니다. 그런데 어떤 사람이 길을 건너서 내게 오더니 "비오 신부님을 만나러 오셨나 보군요?" 하는 겁니다.

내가 그렇다고 했더니, "그러면 고해는 하셨습니까?" 하더군요.

"아니오, 실망이 큽니다. 표는 받았지만, 저는 그 전에 여기를 떠나야 해서 사용할 수가 없을 것 같거든요."

"저, 내게 표가 하나 있는데 이걸 가지고 고해하러 가시겠어요?"

나는 너무 놀라서 물었어요.

"왜 표를 안 쓰시죠? 무슨 문제라도 있습니까?"

"그냥 드리는 겁니다. 열 명이나 되는 사람에게 권했지만 아무도 안 받있습니다. 원하시면 가지세요."

그래서 냉큼 받았지요. 내가 다시 빈첸시오 신부에게 갔더니 막 문을 닫고 있더라고요. 서둘러 표를 내밀며 물었습니다.

"신부님, 지금 고해성사를 보고 싶습니다."

그런데 그분은 "다른 사람 표로는 안 됩니다." 하는 겁니다. 그런데 그는 주위를 살피더니 "아무도 없군요. 아마 비오 신부님이 당신을 만나고 싶은가 봅니다." 하더라고요.

나는 얼마나 기다려야 하냐고 물었고 그는 한 시간 안에 가능하다고 했습니다. 한 시간이 채 되기도 전에 나는 비오 신부님 바로 앞에 덜덜 떨면서 서 있었습니다. 그러나 그분은 매우 상냥하고 친절하셨어요. 그분은 내 모든 잘못에도 불구하고 사죄경을 주셨습니다. 그 일이 나를 그분과 가깝게 만들었답니다. 이건 우연이 아니지요.

내가 기다리고 있었네

내가 그분과 더 가까워질 수 있었던 다른 에피소드를 말씀드리지요. 나는 비오 신부님의 미사에서 복사를 서고 싶었습니다. 어느 날 수도원에 가서 이 이야기를 했더니 "복사는 이미 정해져 있어요. 그리고 미사에 복사를 서는 사람들은 모두 이 부근 사람들입니다. 또 복사를 서려면 그들도 당신을 알아야 하고 우리도 당신을 알아야 하지요." 하는 겁니다. 내가 몇 번 더 부탁을 했지만 소용이 없었습니다.

1965년 5월, 미국의 성녀 수산나 여성 단체가 산 조반니 로톤도로 관광을 가는 데 나도 함께하게 되었습니다. 그곳에 도착하자 성당 문이 열렸고, 나는 그들과 같이 뛰어 들어가서 맨 앞줄을 차지하였습니다. 내 서류 가방 속에는 비오 신부님께 축복을 청할 물건이 들어 있었습니다. 그건 내가 존 F. 케네디 대통령을 위해서 쓴 미사곡이었지요. 나는 비오 신부님이 그것을 축복해 주시길 바랐습니다. 아, 그리고 무엇보다 제대 위에 올라가 복사로서 비오 신부님 옆에서 미사를 드리고 싶다는 간절한 마음도 있었지요. 나는 그런 생각으로 제대를 바라보고 있었습니다. 미사가 시작되기 2분 전쯤이었을 거예요. 갑자기 제의실에서 사람이 나오더니 "멕시코인 알폰소 씨 어디 있습니까?" 하는 겁니다. 내가 멕시코에서 태어난 것을 아는 사람은 아무도 없었어요. 대부분 나를 스페인이나 미국 사람으로 알고 있었거든요. 내가 그 사람에게 "제가 알폰소입니다."라고 했더니 자기를 따라오라고 하더군요.

나는 두근거리는 마음으로 그 사람을 따라갔습니다. 바로 그때 비오 신부님이 나오시더라고요. 그분은 마치 '내가 자네를 기다리고 있었네' 하는 듯이 나를 바라보셨습니다. 그때 나를 부른 사람이 종을 치더라고요. 나는 비오 신부님과 함께 입장해서 그분이 집전하시는 미사에 복사를 섰고 그 곁에서 거룩한 미사를 봉헌했습니다. 신부님은 내가 가지고 있던 책도 축복해 주셨습니다.

나는 밖으로 나와서 나를 불렀던 사람을 만나 "제가 어떻게 복사를 서게 된 거죠?" 하고 물었지요. 그는 조반니 시에나라는 작가였는데 이렇게 말하는 겁니다.

"우리는 아무것도 모릅니다. 비오 신부님의 결정에 따라 그저 행할 뿐이죠."

그날은 수요일 아침이었습니다. 그날 그 시간에 미사 복사를 서는 사람은 포지아에 사는 제라르도 데카로라는 검사인데, 그는 비오 신부님과 친구였습니다. 제라르도는 여러 해 동안 수요일 미사 복사를 섰답니다. 그런데 그가 그날따라 늦잠을 잔 거였어요.

오래전부터 계획된 많은 일들

그 이후로 나는 비오 신부님을 더 많이 알게 되었고, 영화 '가시와 장미의 오십 년'의 음악을 작곡하고 그 영화를 감독하게 되었습니다. 사실 이 일은 캘리포니아에서 트럭 운전사 세 명을 만나면서 시작되었어요. 그 뒤에 나는 취리히에서 벤첼 부인을 알게 되었는데 그녀가 그 영화의 제작비를 지원했습니다. 생각해 보면 모든 일이 비오 신부님의 계획이었던 것 같아요. 상상해 보세요! 이 세상에 그 많은 음악가 중에서 바로 내가 비오 신부님의 영화에서 오르간을 치도록 선택이 되었으니……. 거기다 한 번도 영화감독 경험이 없는 내가 영화를 만들도록 도와주셨으니, 이런 일은 쉽게 일어나는 게 아니지요.

이게 다 우연이라고요? 아닙니다. 비오 신부님의 삶에는 우연이 없어요. 요셉 비오 신부님도 그런 말을 했습니다.

'비오 신부님께서 당신을 선택하셨고, 우리를 선택하신 거지요. 우리가 아직 그분께 가기도 전에 말입니다.'

그분은 오래전에, 나를 선택하여 보잘것없는 내 방식으로 그 일을 하도록 하신 것이지요. 그것을 알기 훨씬 전부터 말입니다.

5. 아녜스 스텀프_보게라
기적, 끊임없는 기도의 응답

 북이탈리아의 작은 도시 보게라에 살고 있는 스텀프 양은 스위스-독일계 이탈리아인이다. 그녀가 체험한 기록은 명확하고 완벽했기 때문에 그녀가 설명한 기적은 아마 비오 신부의 시성 소송 절차에 쓰였는지도 모른다. 나는 그녀가 비오 신부를 어떻게 알게 되었는지 궁금했다.

일상을 바꾼 고통

제가 예닐곱 살 때 처음 비오 신부님 이야기를 들었습니다. 그리고 학교 다닐 때 친했던 친구의 할머니가 비오 신부님을 자주 찾아가곤 했지요. 제가 그 친구 집에 갈 때마다, 그분의 사진이 눈에 띄었답니다. 그 후로 신부님을 조금씩 더 알게 되었지요. 그래서 나중에는 아주 가깝게 느껴졌습니다.

우리 아주머니도 비오 신부님께 헌신적이었어요. 아주머니가 하시는 것을 따라서 비오 신부님께 기도했지요. 그리고 그분은 학교에서뿐 아니라 일상생활에서도 저를 도와주셨답니다. 비록 그분이 살아 계실 때 만나 뵙지 못했지만 말입니다.

제가 스무 살쯤 됐을 때, 무릎 통증을 느끼기 시작했지요. 주치의에게 갔더니 관절염이라고 하더군요. 주사를 맞고 약도 받아왔어요. 통증이 있다가도 없기에 그냥 관절염이구나 생각하고는 신경을 쓰지 않았습니다. 무릎을 만지거나 무언가에 부딪칠 때만 아팠으니까요.

하루는 발목을 삐었는데 너무 아팠어요. 병원에 가서 엑스레이를 찍었더니 종양이 나타났습니다. 그러나 그 의사는 전문가가 아니어서 저를 도와줄 수 없다면서 토르토나에 있는 정형외과 전문의 리날디 박사에게 가라고 하더군요.

리날디 박사는 왼쪽 무릎 경골 종양이라는 진단을 내렸습니다. 다른 데로 퍼지지 않도록 곧 수술해야 한다고 했지만, 나는 의사의 말을 믿고 싶지 않았어요. 수술받는 것이 싫었거든요. 사실 그때까지 두통 한번 없이 건강했는데 그런 중병이 생겼을 리 없다고 생각했어요. 다시 검사하기 위해 밀라노에 있는 폴리 박사를 찾았습니다. 그런데 그분도 리날디 박사처럼 수술을 해야 한다고 했어요. 난 그분 말도 믿고 싶지 않았어요.

위로가 된 기도

1967년 12월 22일, 나는 아버지와 오빠에게 내가 수술을 받아야 하는지 비오 신부님께 물어봐 달라고 했습니다. 그분들은 크리스마스 전날 밤 산 조반니 로톤도에 도착하여 비오 신부님께 고해하러 갔습니다. 신부님은 "그래요, 어서 수술받아야지요. 두려워할 것 없어요. 아무 일도 일어나지 않을 거예요. 내가 아네스를 위해 기도할 거고, 수술하는 그 손을 인도하지요."라고 하셨답니다.

1968년 1월 2일, 토르토나에 있는 병원에서 수술을 받은 나는 한 달 동안 깁스를 하고 병원에 있다가 집에 왔어요. 깁스를 하고 목발에 의지해 걸어야 했지만, 수술은 성공적이었어요. 그리고 두 달 동안 검사받으러 병원에 다녔지요. 의사는 엑스레이를 찍고는 다 나았다고 했습니다. 비타민 말고는 다른 약을 먹을 필요도 없었답니다.

절망 속 울부짖음

 모든 일이 순조로웠어요. 의사는 내 다리에서 깁스를 떼어 내고 붕대를 감아 주고는 운동을 시켰습니다. 10월까지 그랬죠. 그런데 다시 아프기 시작했고 병원에 갔더니 종양이 재발했다는 청천벽력 같은 소리를 하는 거예요. 또 수술해야 한다는 말도요. 그 충격이라니! 내 모든 희망은 산산조각이 나 버렸습니다.

 다시 토르토나에서 리날디 박사가 수술했습니다. 종양을 모두 제거하고 깁스를 했지요. 그러고는 조직 검사를 위해서 뼈 한 조각을 떼 내서 밀라노와 제노바로 보냈습니다. 진단 결과 악성 암이 골수암으로 발전했다는 것이었습니다. 뼈가 다 삭아서 검은 스펀지처럼 보인다고 했어요. 나는 내 다리로 설 수가 없었어요. 뼈에는 나를 지탱해 줄 것이 아무것도 남아 있지 않았으니까요. 뼛속에는 고름이 가득 차 있었죠. 의사가 수술해서 고름을 닦아내고 나니 조그만 구멍이 났습니다.

10개월간 치료를 받으면서 뼈에 구멍은 다시 메워졌지만, 같은 곳에 다시 종양이 생겼습니다. 두 번째 종양은 첫 번째 것보다 더 나빴어요. 암이 혈관으로 들어간 거예요. 의사는 암이 더 퍼지기 전에 다리를 자르기를 원했지요. 나는 "안 돼요. 난 싫어요. 이대로 집으로 돌아가서 비오 신부님께 기도해야겠어요."라고 리날디 박사에게 울면서 말했습니다. 리날디 박사는 그 자리를 박차고 일어서는 나에게 화가 나서 잘 가라는 인사조차 하지 않았답니다.

나는 정말 두려웠어요. 다리를 절단하는 것 말고는 방법이 전혀 없는지 알고 싶었지요. 그래서 다른 의사의 의견도 들어 보기로 했어요. 나는 이번에 카르나키아 박사에게 검사받으러 갔습니다. 그는 다리 절단은 권하지 않았고, 내 다리를 뻣뻣하게 만들어서 다시 일어설 수 있도록 처방해 주겠노라고 했습니다. 나는 다시 거절하고 집으로 왔어요.

나는 11월 30일에 또 다른 의사, 프론티노 박사를 만나러 밀라노로 갔습니다. 그는 피렌체의 스칼리에티 박사의 조수였지요. 그런데 이 의사는 무얼 어떻게 해야 할지 모르는 겁니다. 병원 수술대 위에 나를 눕혀 봐야만 다리를 절단할지 그냥 둘지 결정할 수 있다는 거예요. 그때까지 나는 지팡이를 짚고 걸어 다녔어요. 수술을 안 하면 전혀 걸을 수 없을 것이라는 게 그의 의견이었습니다. 내 다리는 나를 온전히 지탱할 수 없었지요. 나는 집으로 돌아와서 아무것도 하지 않았답니다.

이런 상황에서 왜 그런 마음이 생겼는지 모르겠지만, 비오 신부님께서 나를 고쳐 주실 거라는 확신이 자꾸만 들었어요. 그래서 12월 20일에 비오 신부님의 묘지를 찾아갔습니다. 그분이 저 차디찬 회색 대리석 밑에 누워 계신다는 것이 실감이 나지 않았습니다. 내 안에, 그리고 그 작은 지하 공간 구석구석에 그분이 살아 계심을 느꼈으니까요.

그 후 '고통을 덜어 주는 집' 카사로 피콜라 박사를 만나러 갔습니다. 내 다리에는 부분 깁스가 되어 있었죠. 그는 내 무릎을 부분적으로 쓸 수 있게 하는 수술을 권했습니다. 나는 받아들이지 않았어요. '이제 더 이상 수술은 안 해!'라는 마음이었어요.

꿈에서 만난 비오 신부

나는 비오 신부님께 끊임없이 기도했습니다. 어느 날 밤 나는 꿈을 꾸었어요. 다리에 깁스하고, 지팡이를 짚고 비오 신부님께 갔지요. 그분이 순례자들을 접견하는 방에서 나를 기다리고 계셨어요. 꿈속에서 나는 다리가 아프다고 했어요. 그분은 나를 바라보고 웃으시더니 윙크를 하셨어요. 난 그분 손에 입을 맞추었고요. 그러나 손에 오상은 없었어요. 찢어진 상처나 핏자국도 볼 수 없었어요. 내가 그분 볼에 입을 맞추었더니 그분이 소리 내어 웃으시더라고요. 그 방에는 사람들이 아주 많았답니다. 그분이 내 팔을 잡으셨어요. 우리는 팔짱을 끼고 문으로 걸어갔지요. 그때 목발을 구석에 놓아둔 것이 생각나서 "신부님! 목발을 저기에 두었는데 얼른 기지고 올세요."라고 하자 신부님께서는 "목발은 이제 필요 없단다."라고 하셨어요. 나는 그 말을 듣고 잠에서 깨어났습니다.

상한 뼈에서 자란 건강한 뼈

그다음 날부터 나는 목발 없이 지팡이만 짚고도 걸을 수 있었어요. 그때까지 목발 없이는 몸이 무거워서 전혀 걸을 수 없었거든요. 의사가 깁스를 뜯어서 상태를 살펴보았습니다. 의사는 내 다리의 움직임을 자극하기 위해서 운동은 조금 해야 하지만, 더 이상 치료는 필요 없다고 했어요. 나는 일 년 반 동안 깁스를 하고 다녔죠. 깁스를 풀고 나서는 지팡이를 짚고 조금씩 걷기 시작했고, 점점 나아져서 지팡이 없이 걷는 연습도 시작했어요. 1969년 4월 25일, 나는 지팡이마저 던져 버렸습니다. 마치 누군가 그것도 던져 버리라고 명령한 것처럼 자유롭게 걸을 수 있게 된 거지요.

다시 걷게 되었을 때, 내가 맨 처음 한 일은 산 조반니 로톤도에 가는 것이었어요. 피콜라 박사가 엑스레이를 찍고 나서 내 뼈 상태는 정상이라고 했습니다. 상했던 뼈가 정상적인 뼈 상태로 바뀌었다고 진술서에 서명했답니다. 이것은 기적으로밖에는 설명할 수 없다고 쓴 진술서를 내게 주었지요.

'상한 뼈에서 건강한 뼈가 자라 나왔다.'

나는 수술한 의사에게도 갔어요. 엑스레이를 찍어 보더니 놀라더군요. 그러고는 그도 똑같은 말을 했습니다.

"이건 기적이야!"

엑스레이를 보고 기적임을 깨달은 그는 울기 시작했고 "이건 비오 신부님 선종 후에 내가 목격한 첫 기적입니다."라고 말했습니다. 그는 의사들을 불러 놓고는 "비오 신부님 선종 후 첫 기적을 받은 분이 여기 있습니다."라고 했습니다.

나를 수술한 의사는 가톨릭 신자가 아니었습니다. 성당과는 거리가 먼 사람이었죠. 하지만 그도 비오 신부님이 나를 위해서 투사가 되어 주셨다는 것을 인정했습니다.

나는 매년 산 조반니 로톤도에 갑니다. "신부님, 제가 다시 걸을 수 있다면, 매년 산 조반니 로톤도에 가서 기도하겠습니다."라고 비오 신부님께 약속했기 때문이지요. 하지만 제가 그런 약속을 하지 않았다 하더라도 전 언제든지 그곳에 갈 것입니다. 이제 나는 누군가의 도움 없이도 지하 묘소의 계단을 내려갈 수 있고, 그분의 묘소에서 무릎을 꿇고 감사할 수도 있으니까요.

6. 리노 토치 신부_산 마리노
세상을 밝히는 고귀한 성소

비오 신부가 진로를 지도해 준 사람들은 수없이 많을 것이다. 가끔은 자신이 가려고 했던 방향과 완전히 다른 방향으로 이끌어진 예도 있다. 산 마리노 공화국 출신의 사제인 리노 토치 신부의 경우가 그렇다. 그래서 그와의 인터뷰를 넣었다. 비슷한 경우의 전형적인 예가 되리라고 생각한다.

확신이 없던 미래

신부님을 처음 만난 건 22살, 내 미래가 어떻게 펼쳐질지 전혀 알지 못할 때였습니다. 나는 대학을 졸업하고 밀라노에서 4년 동안 부기를 가르치나가 26살에 신학교에 들어갔습니다. 하지만 그때가 위기의 일 년이었죠. 사제 성소에 확신이 없었거든요.

우리 가족은 내가 작고 조용한 성당에 머물며 신자들을 사목할 사람이 아니라고 했어요. 그러기엔 성격이 너무 활달하다고 생각한 겁니다. 게다가 독자였거든요. 우리 주교님조차도 내가 외교관이 되길 바라는 눈치였습니다.

사제직이 맞는지, 아닌지 너무 고민스러웠습니다. 인생의 혼란기, 파올라의 프란치스코회 비오 신부님이 카푸친회 비오 신부님을 찾아가 보라고 했습니다. 그 조언대로 산 조반니 로톤도로 가서 비오 신부님에게 불확실한 미래에 대한 고민과 걱정을 털어놓았습니다. 비오 신부님은 내 어깨에 손을 얹으시고 "사제가 되기 위한 공부는 계속하게. 그게 자네가 갈 길이라네."라고 말씀하셨답니다.

멈추지 말고 걸어가기

신학교 3학년이던 1967년에 또 다른 고비를 겪었습니다. 나보다 어린 친구들은 벌써 미사를 집전하는데 나는 아직도 신학교에 있다는 사실 때문이었는지도 모르겠습니다. 함께 공부하는 신학생들과도 가까워지고 싶었지만 서로 공통점이 없더군요. 젊은 신학생들은 성숙함이 부족했어요. 내가 받은 인상이 틀렸을 수도 있지만, 교우 문제로 나는 조금 힘든 시간을 보냈습니다.

그런 어려움을 짐작한 어머니는 비오 신부님을 찾아가기로 했어요. 만약 그분이 내가 사제의 길을 계속 가야 한다고 하면 막지 않겠다고 약속했습니다. 어머니는 산 조반니 로톤도에서 이틀이나 기다린 후에야 간신히 고해할 수 있었다고 해요. 하지만 비오 신부님 앞에서 한마디도 할 수 없었다더군요. 그분은 어머니를 보자마자 "리노 어머니시죠?" 하셨답니다. 어머니는 그 말에 울음을 터뜨리셨고요. 그분이 어머니에게 내 앞길을 막지 말라고 하셨대요. 그리고 이 말을 나에게 전하라고 하셨답니다.

"이것은 리노의 성소이기 때문에 멈추지 말아야 합니다. 리노는 이 일에서 큰 만족을 얻을 것입니다. 사기를 꺾지 마세요. 그리고 반드시 나를 찾아오라고 하세요."

그때부터 어머니는 완전히 내 편이었어요. 무조건 믿고 기다려 주셨죠. 나는 비오 신부님을 찾아가서 내 문제를 오래 이야기했고 그분은 많은 충고를 해 주셨습니다. 비오 신부님과의 만남을 통해서 사제직이 내 성소임을 확신했습니다.

나는 1968년에 사제품을 받았고 현재 페루 푸노에 있는 '제3세계를 위한 공동생활센터Centro Communitario para Tercer Mondo'에서 빈곤 지역의 젊은이들과 일하고 있습니다. 비오 신부님이 내게 확신을 준 바와 같이, 이 일은 잘 진행되고 있습니다. 지금 하는 일이 신문 기사로 소개되면서 많은 이들의 관심을 받고 있어요. 나는 사제 직무를 해 나가며 행복과 만족을 느낍니다. 그리고 지금 하는 일이 더 나은 세상을 만드는 데 큰 역할을 한다고 생각합니다.

7. '십자가에 못 박히신 예수의' 비아 수녀_필라델피아(미국 펜실베니아)
기도로 길을 찾게 하는 영적 지도자

필라델피아 태생인 비아 수녀Sister Pia of Jesus Crucified는 현재 '맨발의 가르멜 수도회' 수녀이다. 그녀는 미술을 공부하러 이탈리아로 갔다가 비오 신부의 신비스럽지만 단호한 가르침에 매료되었다. 그녀를 가톨릭으로, 그리고 가르멜 수도회로 인도한 것은 바로 비오 신부였다.

예수님의 오상을 가진 사제

내가 비오 신부님을 처음 알게 된 것은 그림을 공부하려고 피렌체에 갔을 때였습니다. 거기서 화가 안토니오 치코네를 만났어요. 그는 산 조반니 로톤도 사람인데 어릴 때부터 비오 신부님을 알고 있었답니다. 오랜 시간 비오 신부님을 봐 왔기 때문일까요, 안토니오는 비오 신부님을 뛰어나게 잘 그리는 화가였어요. 그 친구만큼 민감하게 비오 신부님을 포착하는 화가를 못 봤어요. 다른 화가들은 어림도 없죠.

어느 날 안토니오가 비오 신부님 사진을 내게 주더군요. 오상을 가진 사람 이야기를 들어 본 적 없던 내게 비오 신부님은 매우 인상적이었어요. 그 사진을 화장대 거울 한쪽 귀퉁이에 끼워 놓았죠. 하지만 그 뒤로 큰 관심을 두지 않았어요.

바로 이 시기에 나는 종교적 진리를 간절히 찾기 시작했습니다. 인류를 위한 하느님의 선물인 예수님을 만났을 뿐 아니라 계시 진리의 수호자인 가톨릭이라는 종교도 그때 알게 되었습니다. 내 인생에서 우선순위는 바로 그런 일들이었어요. 가톨릭으로 개종하는 것은 저에게 정말 심각하고 중요한 문제였죠. 그 당시 나는 스무 살도 채 안 됐었거든요. 그리고 인생에서 그렇게 큰 결정을 하려면 스물한 살은 되어야 한다는 것이 저희 부모님의 가르침이었기 때문에 시간이 흐르길 기다려야만 했고, 스물한 살이 되자마자 가톨릭 교회로 입교했습니다.

　1962년, 그림 공부를 계속하기 위해서 피렌체의 아담한 아파트에 입주했습니다. 그해 가을 피렌체로 온 미국 친구 루이즈가 비오 신부님을 만나고 싶다고 하더군요. 그 말을 들으니 나도 그곳에 가고 싶어졌습니다. 성인 곁에서 주말을 지내며 그분과 함께 기도드리고, 하느님께 나에게 주신 자비와 은총에 대해서 특히 나를 가톨릭으로 이끌어 주신 것에 감사하고 싶었습니다. 그래서 우리는 길을 떠났고 금요일 늦은 저녁 억수같이 쏟아지는 비와 함께 수도원에 도착했습니다.

상처로 남은 고해성사

　그때 내 오랜 친구 안토니오 치코네가 가족을 보러 산 조반니 로톤도에 와 있었어요. 그 친구는 멀리서 온 우리가 비오 신부님에게 고해성사를 볼 수 있도록 예약 표를 구해 왔어요. 하지만 안토니오가 그 예약 번호를 내놓았을 때 이렇게 말했어요.

　"비오 신부님께 고해하러 가고 싶지 않아. 그것 때문에 여기 온

게 아니거든. 비오 신부님은 더 중요한 일이 많으시고, 그분께 특별히 할 말이 없어. 고해성사는 하고 싶지 않아."

그날 오후에 성당에 앉아서 내 인생과 하느님이 나에게 주신 많은 것들을 생각하고 있었어요. 그때 하느님께서 수도 성소의 크나큰 은총을 내게 주셨습니다. 나는 완전히 얼이 빠지고 마음이 떨려 어쩔 줄 몰랐습니다. 그전까지 수녀가 된다는 생각은 해 본 적이 없었거든요. 그 순간 비오 신부님에게 고해성사를 봐야겠다고 마음먹었어요. 그분에게 내 마음을 말씀드리면 앞으로 어느 길로 가야 할지 도와주실 것 같았습니다. 그날 아침까지만 해도 원하지 않았던 그 기회가 말할 수 없이 고마웠습니다.

루이즈와 나는 19번과 20번, 그 줄에서는 맨 마지막 순서였어요. 아침 시간 동안 비오 신부님에게 고해성사를 볼 수 있는 사람은 딱 20명이었는데 우리는 정말 운이 좋았습니다. 우리는 성당 고해소 앞에 있는 긴 의자에 앉아 차례가 오기를 기다렸습니다. 나는 안절부절못했어요. 완전히 엉망이었죠. 내 차례가 와서 고해소로 들어갔어요. 난 이탈리아어로 "고해성사 본 지 일주일 됐습니다."라고 했습니다. 그랬더니 비오 신부님은 "Confessat"(아마 Confessata일 것임. "이미 고백했음"이란 뜻) 아니면 그와 비슷하게 말씀하셨는데 확실히 잘 모르겠더라고요. 그 지역 사투리로 짧게 중얼거리셨거든요.

신부님이 내 목소리를 못 알아들으셨나 생각하고 다시 조금 더 크게 이야기했죠.

"신부님, 고백한 지 일주일 됐습니다."

그러자 그 전에 한 말을 다시 중얼거리셨습니다. "Sei confessat." 라고요. 나는 하느님께서 내가 수도 생활을 하기 바라시는 것 같다고 말씀드렸고, 내가 해야 할 바를 알려 주실 거라고 기대하고 있었어요. 그런데 그분은 아까 한 말을 또 되풀이하시는 겁니다. 꽤 퉁명스럽게 "Sei confes sat!"라고 말입니다. 그리고 내 쪽의 칸막이를 닫더니 루이즈의 고백을 들으려고 다른 쪽으로 돌아앉으시는 겁니다. 정말 당황스러웠습니다. 하지만 루이즈가 고백을 시작하려는데 또 칸막이를 닫으시더군요. 그 친구도 어리둥절한 표정으로 고해소 밖으로 나왔어요.

이게 도대체 무슨 일인지, 비오 신부님이 우리에게 왜 그러셨는지 도무지 이해가 안 됐어요. 물론 그동안 내가 거룩한 생활을 해 온 사람이 아니라는 건 잘 알고 있지만, 변화하려는 의지가 있었고, 모두 다 솔직히 말씀드리려고 했습니다. 잘못을 바꾸려는 의지가 없는 죄인에게는 사죄경도 주지 않고 고해소에서 쫓아내는 분이란 이야기는 익히 들었지만, 내 경우는 아니라고 생각했어요.

나는 그분의 도움과 지도를 원했거든요. 그런데도 문을 닫아 버리셨지요. 나쁜 아니라 루이즈의 고백까지 듣지 않으셨어요.

같은 일을 당한 사람들은 이렇게 말했어요.

"이게 끝이라니 정말 말도 안 돼."

루이즈도 고해소에서 나오자마자 "우리 피렌체로 돌아가자. 신부님은 정말 너무했어!"라며 울먹였지요. 하지만 나는 "아니야, 무슨 일인지, 뭐가 잘못됐는지 알기 전에는 못 가."라고 말했죠. 도무지 이해가 안 되더라고요. 하느님께서 나를 위해서 새로운 계획을 갖고 계신다는 걸 깨달았고 그것을 회피하고 싶지 않았어요. 비오 신부님의 영적 지도가 필요했습니다. 인생을 바꾸고 싶은 의지가 내게는 충만했어요.

기도하고 또 기도하라

우리는 그날 느지막한 오후에 에우세비오 신부님을 만나서 아침에 고해소에서 겪은 일을 이야기했어요. 그분은 "아! 비오 신부님은 고해한 지 열흘이 되어야 죄 고백을 들으시거든요. 이곳 관습이죠. 고해한 지 일주일 됐다니까 그분은 '이미 고해했군요'라고 말씀하신 거예요."라고 하셨어요. 그제야 안심이 되더라고요. 마음의 평화를 되찾은 우리는 계획대로 피렌체로 돌아갔습니다. 나는 다음 달에 산 조반니 로톤도로 다시 가서 비오 신부님을 만나야겠다고 마음먹었어요.

수도 성소를 갖게 된 크나큰 은총에 대해 말할 때마다 비오 신부님이 떠오릅니다. 하느님은 언제 어디에서나 나를 교화시킬 수 있으시지만 산 조반니 로톤도에 갈 때까지 기다려 주신 것 같아요. 프란치스코회 신부이자 눈부시게 거룩한 그리스도인을 만나는 그 순간까지요. 그다음 달에 산 조반니 로톤도에 다시 갔고, 이후 5월까지 매달 그곳을 찾았어요. 수도 생활 속에서의 내 자리를 찾고 싶었거든요. 혹시 하느님께서는 내가 선교사나 간호사 아니면 교사가 되길 바라시는 건 아닌지, 만약 수도자가 된다면 어느 수도회인지, 프란치스코회인지, 도미니코회인지, 베네딕도회인지 알고 싶었어요. 그래서 매달 비오 신부님에게 고해하며 이런 고민을 이야기했습니다.

비오 신부님은 "여기 가라, 저기 가라, 이걸 해라, 저걸 해라."라고 말씀하지 않으셨습니다. 그저 기도하라고만 하셨어요. 그것은 내가 그분에게서 받은 가장 정확한 응답이었습니다. 그분이 만약 "미국으로 돌아가세요, 관상 수도회에 들어가세요, 그것이 하느님이 바라시는 거예요."라며 내 운명을 결정짓는 듯한 말씀을 해 주셨다면 얼마나 좋았겠어요. 그러나 그렇지 않았습니다. 그저 '기도하고 또 기도하라.'는 말씀만 되풀이하셨답니다. 그분은 내가 기도하게 만드셨어요. 기도만이 내가 성숙할 수 있는 통로였던 겁니다. 이것이 무엇보다도 중요한 가르침이라고 느꼈습니다. 나는 기도하라는 그분 말씀을 따랐습니다. 피렌체로 돌아와서도 그분이 하라는 대로 기도하는 삶을 살려고 노력했죠.

피렌체에서 산 조반니 로톤도까지는 열세 시간이 걸렸는데 오고 가는 길이 지루하거나 불편하지 않더군요. 내가 흥분 상태였기 때문일 겁니다. 그런데 가끔은 내가 지금 무슨 짓을 하는 건가 하는 생각이 들기는 했습니다. 하느님으로부터 놀랄 만한 선물을 받은 사제를 만나기 위해 피렌체에서 남부 이탈리아로 이렇게 차를 몰고 간다는 게 스스로 의아하게 느껴진 겁니다. 예수님께서 돌아가신 지 2천 년이 지난 지금, 하느님께서 현세대 사람들을 위해 거룩한 기적을 일으키시는 그곳으로 차를 몰고 가고 있다는 사실이 비현실처럼 느껴지기도 했고요. 더구나 저 멀리 필라델피아에서 온, 가톨릭이라는 종교에 대해 아무것도 모르던 내가 말입니다.

생각만 해도 참 놀라운 체험이었습니다. 주님 곁에 있던 베드로와 다른 제자들을 생각할 때마다, 비오 신부님도 같은 범주에 계신 분이란 생각이 들어요. 예수님과 가까이 계신 분 말이에요. 이런 분을 직접 뵙고 이야기까지 나누는 기회가 얼마나 큰 특권입니까! 그러니까 그 먼 곳까지 날듯이 갔던 거죠.

마침내 꽃 피운 성소

수많은 아파트가 늘어서 있고, 도로는 자동차로 꽉 차고, 수많은 인파가 이리저리 밀려다니는 요즘의 로마를 지날 때마다, 비오 신부님과 함께 지내는 몇 안 되는 사람들을 떠올립니다. 먼 길도 마다하지 않고 그분을 찾는 이들도 적지 않습니다. 하지만 그렇더라도 도시의 군중보다는 많을 수가 없을 거예요. 산 조반니 로톤도는 작은 곳이니까요. 하느님의 역사하심과 그분의 계획이 아주 작은 곳에서부터 시작되고 있습니다.

5월에 마르셀 오클레르가 쓴 《아빌라의 성녀 데레사의 일대기》를 읽었습니다. 그 책을 통해서 나는 내 자리를 찾았다는 분명한 확신이 들었습니다. 가르멜 수녀들과 기도하면서 성녀 데레사를 따르고 싶었습니다. 의심의 여지가 없었어요.

나는 필라델피아에 계신 신부님에게 편지를 써서 그곳에 '가르멜 수도회'가 있는지 알아봐 달라고 했고, 긍정의 답장을 받았습니다. 드디어 길을 찾은 겁니다. 비오 신부님에게 나의 결심과 확신을 말씀드리고 축복과 충고의 말씀을 들으려고 산 조반니 로톤도로 달려갔습니다. 그분에게 하느님께서는 내가 필라델피아에 있는 가르멜 수도회에 들어가길 바라시는 것 같다고 말씀드렸더니, 단 한마디 "그렇게 하세요."라고만 하시더군요. 그래서 다시 청했지요. 내가 미국으로 돌아가기 전 마지막 몇 달 동안 비오 신부님 가까이, 산 조반니 로톤도에서 지낼 수 있도록 축복해 달라고요. 그분은 이번에도 간단히 "좋아요."라고 하셨지요.

1963년 9월에 나는 산 조반니 로톤도를 떠났습니다. 그 시기에 카푸친회 수녀들은 산 조반니 로톤도에 관상 수도원을 건립하려는 계획을 세우고 있었어요. 많은 사람이 그 소식을 나한테 전하며 그곳에 계속 있으라고 했어요. 내가 거기 머문다면 나의 영혼을 더 강하게 해 주실 분과도 멀어지지 않겠지만, 기도를 할수록 내 자리는 필라델피아임을 강하게 느꼈습니다. 그곳에서 내 가족, 친구들, 또 하느님의 사랑과 계시를 모르는 사람들을 위하여 기도하면서 내 삶을 바쳐야 한다고 느꼈습니다. 하느님께서는 비오 신부님을 내 인생에서 도구로 사용하셨던 것 같습니다. 그리고 무엇보다 하느님께서 계속 나를 인도하시리라는 것을 믿었습니다.

그 이후 몇 달 동안 로즈몬트 대학에서 몇몇 신학 강의를 들었는데, 학교는 어머니가 사시는 곳에서 아주 가까웠어요. 그렇지만 크리스마스 휴가 동안 비오 신부님과 함께 머물기 위해 산 조반니 로톤도로 가지 않고는 견딜 수가 없었어요. 마치 나의 고향이 그곳이라고 느껴질 만큼 말이에요. 나는 그곳에서 열흘 동안 머물렀어요. 비오 신부님을 다시 뵐 수 있어서 얼마나 기뻤는지 모릅니다. 그리고는 1964년 6월에 가르멜 수도회로 입회했습니다.

비오 신부의 초자연적인 힘을 경험한 적이 있는지 물었다.

온전히 봉헌하는 삶

가시관을 쓰셨다거나 피를 흘리는 듯한 환영을 본 적은 없습니다. 얼굴에 나타나는 분명한 표정을 볼 뿐이었죠. 사람을 꿰뚫어 보는 듯한 그분의 시선과 기도문 읽을 때의 목소리, 미사 때 보여 주시는 열정도요.

성체 강복을 위해 성광을 다루시는 그분의 모습에서 큰 감명을 받았습니다. 그런 모습을 본 적이 없었거든요. 그때 모습은 '하느님을 향한 흠숭' 그 자체였어요. 그저 황홀감이라고 표현할 수는 없어요. 그분은 자신이 무엇을 하고 있는지 똑똑히 의식하고 있었어요. 성체 강복을 하시는 비오 신부님에게서는 빛이 났어요. 마치 성광과 하나가 된 듯했어요. 비오 신부님이 성체를 강복하실 때마다 감동했어요. 그분의 목소리는 깊이가 있었고 진실했어요. 늘 그랬다니까요. 온화하면서도 예리한 감성이 제대를 가득 채웠지요. 매일 오후 성체 강복 때면 언제나 우리 앞에 천국 문이 열려 있다는 느낌이 들었습니다.

　장미 향기를 맡은 적도 없었어요. 고해성사 후에 그분 손에 입을 맞출 때면 상처에서 나는 잉크 냄새 같은 향만 맡을 뿐이었죠. 그마저도 정말 성스러웠어요. 고해하지 못하더라도, 그분을 바라보고 그 말씀을 듣기 위해서 그분 가까이 있는 것만으로도 기뻤습니다. 거룩함, 하느님의 사랑, 하느님과의 일치, 기도, 희생, 이 모든 게 그분 안에 분명하게 있었어요. 그것들이 모두 그분에게서 발산되는 거예요. 뭐라고 말로 표현할 수 없어요. 불가능하지요. 어떤 말도 적절치 못합니다. 어떻게 참된 그리스도인이 되고 완전하게 예수님께 봉헌하는 것인가, 그리고 그것이 무엇인가를 나는 배우고 있었던 것입니다. 비오 신부님에게서 그리스도인의 본보기를 생생하게 보았던 거예요. 그분은 하느님께서 기르셨고, 특별한 사명을 받으신 분이었어요. 그러니 비오 신부님의 뛰어난 은총을 모방하거나 시기해서는 안 됩니다. 나를 가장 매료시킨 것은 그분의 순수한 사랑의 힘이었어요. 그분을 보면서 나를 예수님께 완전히 봉헌하고 싶다는 생각을 했어요. 그분이 당신 자신을 내어 놓은 것처럼요. 그분의 삶은 놀랄 만큼 투명했으며 우리 인생 여정에 이정표가 되어 줍니다.

그리스도인의 삶의 방향

이미 이야기한 것처럼 나는 가톨릭 신자가 아니었어요. 나의 인생에서 가장 큰 축복은 가톨릭 신자가 된 것입니다. 성사 생활을 할 수 있는 교회의 일원이 되었다는 것 말입니다. 비오 신부님의 생활은 사제 직무에 집중되었어요. 그분의 시간과 에너지는 모두 그리로 향했죠. 그런 모습이 저에게 크게 와 닿았어요. 얼마나 위대한 분입니까! 그분의 선택이 어디 있었는지 보세요. 그분의 프란치스코회 수도 생활은 무엇보다 놀랍습니다. 청빈하고, 겸손하고, 순종적이었죠. 나는 이 모든 자질과 덕목을 존경합니다. 비오 신부님을 뵙고 나서 내가 무엇부터 해야 하는지 알게 되었습니다. 십자가 위 예수님의 얼굴에서, 또 비오 신부님의 상처에서 하느님께서는 이것이 진실임을 우리에게 말씀해 주십니다.

그러면 우리는 여기서부터 어디로 가야 하는 걸까요? 비오 신부님은 그곳이 어디인지 알려 주셨습니다. 우리는 교회 안에서 여러 활동을 하며 예수님을 찾아야 합니다. 그리고 하느님으로부터 우리를 멀어지게 하는 세속적인 것들과 인연을 끊어야 합니다. 비오 신부님의 삶과 사명은 우리에게 방향을 알려 주며 구원의 신비를 드러내 줍니다. 하느님께서는 비오 신부님을 이 시대의 또 하나의 작은 돌파구로 만드셨습니다. 예수님이 우리를 위해 이 세상에 사셨고 우리 구원을 위해 돌아가셨다는 것을 세상 사람들에게 일깨우는 존재로 삼으셨습니다. 비오 신부님은 우리를 예수님께로 이끌어 주는 것 외에는 아무것도 생각하지 않으셨습니다.

비오 신부님을 통해서 예수님을 믿고 교회를 믿고 성사를 믿으라는 하느님의 부르심을 다시 한번 받습니다. 중요한 사실은 비오 신부님은 사제이시며 그 역할을 통해서 사람들을 성사로 불러오실 수 있다는 것입니다. 그 점이 바로 그분의 영광스러운 사명 중에서 가장 빛나는 부분이라고 생각해요. 나는 그 빛 속에서 그분의 거룩함을 봅니다.

그리스도께서는 이 땅에 사시는 동안 몇 안 되는 사람들과 만나셨죠. 비오 신부님도 마찬가지예요. 그러나 그분 삶의 영적 차원은 이 세상에서는 결코 이해할 수 없이 높고 깊습니다. 그리스도께서 우리를 위하여 속죄의 제물이 되신 것처럼, 비오 신부님 또한 우리를 주님께로 이끌어 주기 위한 막중하고 귀한 역할을 해내는 분이셨어요. 나는 이것을 진실로 믿습니다. 지금 우리는 하느님의 신비와 그리스도께서 우리를 구원하신 신비를 체험하고 있는 것이지요. 어느 정도까지는 우리도 교화될 수 있죠. 그러나 우리는 신앙의 영역으로 더 깊숙이 들어가야만 합니다. 하느님의 자비는 한이 없어요. 그리고 하느님께서는 이 시대에 비오 신부님을 통해 다시 한번 당신의 자비를 아낌없이 보여 주신 겁니다. 우리가 천국에 가면 그 이유를 알게 될 거예요. 지금은 기도하고, 우리 앞에 놓인 것이 무엇인가를 생각해 봐야 합니다.

비아라는 수도명을 택하게 된 이유를 물었다. 그리고 '십자가에 못 박힌 예수'라는 모토의 의미도 물었다.

물론 비오 신부님을 흠모하여 비아라는 이름을 택했습니다. 가능한 한 그분 가까이에 있고 싶었어요. 아무래도 그분의 이름을 가지면 끊임없이 저를 일깨워 주지 않겠어요? 그리고 수녀원에 있는 비오 신부님의 누이 이름도 비아였거든요. 수도자가 되면서 내가 그분과 한 식구가 된다고 느꼈어요. 가르멜에서는 각자의 모토를 정합니다. 예수님께서 십자가에 못 박히심은 나에게 가장 의미 있는 그리스도교의 신비였어요. 예수님께서 십자가 위에서 돌아가실 정도로 우리를 사랑하셨다는 사실은 하느님의 사랑이 절대적이라는 걸 말해 줍니다. 이것이 미사 때마다 행해지고 있고요. 그리고 비오 신부님이 제대 위에서 이 사건에 참여하고 제물을 바치시는 것을 우리가 보는 것입니다. 그래서 과거에도 중요했고 현재에도 중요한 것을 나에게 일깨우기 위해서 '십자가에 못 박힌 예수'라고 모토를 정했어요. 비오 신부님은 나를 구원하신 예수님의 큰 사랑을 일깨워 주신 분이십니다. 해가 갈수록 비오 신부님이 얼마나 훌륭한지 깨닫습니다. 잠시나마 그분과 함께하는 특권을 누렸습니다. 나의 모든 희망과 이상은 그분이 본을 보여 주신 것과 밀접하게 관련 있습니다. 이것을 말로 하기는 어렵지만, 이런 것들을 생각하면 다시 기도 속으로 빠져들지 않을 수 없답니다.

수도 생활의 본보기

나 자신을 위해서 하느님의 자비에 매달리고, 비오 신부님을 위해서 하느님을 찬양합니다. 나는 하느님께 감사드립니다. 비오 신부님은 언제나 내 앞에 계시고 그분의 관용은 나를 부끄럽게 합니다. 나는 그분을 생각하면서 기도에 집중하게 되고 하느님께로 계속 나아갈 수 있는 빛을 청하게 됩니다. 비오 신부님은 나를 기도하게 만드십니다. 처음부터 그랬지요. 그분은 내가 기도하도록 이끌어 주셨습니다.

비오 신부님은 오직 기도하는 수사가 되고 싶어 하셨다는 이야기를 들은 적이 있어요. 사실 이 말이 나를 가르멜 수도회로 이끌었습니다. 그 말을 들으면서 나는 내 성소의 실체를 발견할 수 있었습니다. 그분이 내 삶의 스승이시고 내 수도 생활의 본보기라는 것을 다시 한번 실감합니다.

　1965년에 펠레그리노 신부님으로부터 비오 신부님의 짧은 메시지를 받았습니다. 번역하자면 이렇죠. "성체 안에 계신 예수님 앞에 있는 작은 촛불처럼 맹렬하게 자신을 태우시오." 나는 자주 이 말을 생각하는데 늘 의미심장하게 와닿습니다.

　성체는 내가 가톨릭 신자가 되는 데 결정적 요인이었습니다. 가르멜 수도회에는 지속적인 성체 조배가 없지만, 성체 안에 계신 예수님을 경배하는 마음은 독방의 고독 속에서도 벽을 뚫을 만큼, 감실의 문을 통과할 만큼 강합니다. 우리가 성체 안에 현존하시는 주님과 같은 지붕 밑에서 산다는 것은 참으로 축복받은 일이지요.

　비오 신부님의 권고는 저를 분명하게 이끌어 주셨습니다. 나는 내 일에 있어서 늘 수준 미달이었고 모든 일에서 초보자였지만, 하느님께서는 과거에도, 오늘날에도 자비를 베푸십니다. 그분이 하신 놀라운 일들을 돌아보며 나는 수천 번 알렐루야를 부릅니다. 하느님의 영광과 성인들의 영광을 찬양함으로써 우리 또한 높이 들어 올려지는 것이니까요.

부록

　가톨릭 교회는 비오 신부를 시성하면서 그가 살아온 복음적 삶의 모습에 대해 언급하였다. 1968년에 비오 신부가 선종한 이후부터 교회 안에서 그가 받은 성흔의 진위에 의심을 품는 어떤 목소리도 나오지 않았다.

　1983년 3월 20일에 그의 시복 재판을 위한 기초 조사가 시작되었다. 1990년에 비오 신부의 간구를 통해 일어난 수많은 기적들이 73개의 증언들로 분류된 104권 분량의 보고서를 통해 사실로 인정받았다. 그의 성흔이 굳으면서 나온 딱지들이 성인의 유해처럼 여겨졌다.

- 《기적》 중에서 -

비오 신부의 시성 절차

가톨릭 교회에서 성인이 탄생하는 시복 시성 과정은 수 세기에 걸쳐서 발전되었다.

교회 초창기 기록은 성경, 바오로 서간에서 찾을 수 있다. 바오로 사도가 스테파나스 집안 사람들이 세상을 위해 헌신한 내용을 전할 때 모든 그리스도인을 '성도saint'(1코린 16,15 참조)라고 표현했다. 그리고 로마인들에게 쓴 편지에서도 '궁핍한 성도들'(로마 12,13 참조)이라 썼다.

교회가 생긴 후 첫 3세기 동안 '성인'이라는 말은 그리스도교 신앙을 배반하기보다 차라리 죽음을 택한 순교자들과 연관이 있었다. 하지만 그 후에는 사람들에게로 퍼져 사용되었다. 고결한 남자, 여자, 아이들, 기혼자와 미혼자, 사제와 평신도까지 대중의 갈채만으로도 성인으로 추앙되던 시기가 도래한 것이다. 그러나 대중의 소리가 성성에 정확한 척도가 될 수 없음은 시간이 지날수록 명백히 드러났다. '성인'이라 불린 많은 이가 오히려 거룩하지 못한 경우도 많았고, 다수의 선택이 만들어 낸 비역사적인 전승들 또한 우후죽순 늘어났다.

그리하여 수백 년 동안 이어진 잘못된 관행을 바로잡기 위해 주교들이 나서서 직접 심리하는 방법을 택하게 된다. 973년에는 교황이 시성 소송 절차에 직접 개입하였으며, 1234년에 그레고리오 교황은 정식 소송 절차를 마련했다. 우르바노 8세(1623-1644년) 교황과 베네딕토 14세(1740-1785년) 교황은 더욱 엄격한 규정들을 마련했다. 1917년에는 이 절차들을 일반 교회법으로 구체화했다.

제2차 바티칸 공의회는 성인의 소송을 직접 다루지 않았으나 시성 절차의 개정을 지시했다.

리노 바르바티 신부(25쪽)의 인터뷰에 따른 비오 신부의 시성 절차를 요약하면 다음과 같다.

1. 시복 시성 청원서 제출

가톨릭 신자 개인이나 단체는 고결한 사람이 생을 마감한 지역의 주교에게 시복 시성 청원서를 제출한다.

- 1969년 11월 9일 카푸친회 대리인 베르나르디노 로마뇰리 신부가 비오 신부의 시복 시성 청원서를 안토니오 쿠니알 주교에게 제출했다. 추기경 20명과 주교 200명과 수십만 명의 평신도가 비오 신부를 성인으로 선언해 주기를 청원하였다.

2. 청원서 접수

주교가 청원서를 접수한다.

- 1969년 11월 23일에 쿠니알 주교가 "교황청이 …… 비오 신부의 시복 시성을 위한 소송을 제기하거나 진행하도록 청원하는 것은 정당하고 적절하다."고 결정하였다.

3. 시복 시성 소송을 위한 전문가 임명

주교는 신학, 교회법, 역사와 교황청의 소송 절차에 능통한 전문가를 임명하고, 교황청 시성부와 접촉을 취한다.

- 쿠니알 주교의 후임자인 바일라티 대주교가 1973년 1월 16일에 이 일을 맡았다.

4. 교황청의 소송 진행 허락

주교는 교황청의 소송 진행을 허락을 받아야 한다.

- 1982년 10월 23일에 교황청 시성성(지금의 '시성부')이 바일라티 대주교에게 비오 신부 시복 시성을 위한 소송을 진행하도록 허락했다.

5. 검찰관 임명

주교는 속칭 악마의 변호인을 임명한다. 검찰관은 후보자의 모든 행적을 조사하고, 적의를 가진 증인도 받아들일 수 있다.

6. 내용 발표

주교는 주교회의와 모든 내용을 협의하고 증언한 사람들을 초청하여 진행된 내용을 발표한다.

7. 후보자의 전기 제출

시복 시성 청원자는 후보자의 자세한 전기를 제출한다.

- 1974년 파렌테 추기경이 비오 신부의 공식 전기의 서문을 작성했다.

8. 검열관 임명

주교는 후보자의 신앙이나 도덕성에 어긋나는 점이 있는지 알아내기 위하여 검열관을 임명한다.

- 검열관들이 비오 신부의 글(편지, 강연, 학창 시절에 쓴 글) 3,300페이지를 검열했다.

9. 증인들의 인터뷰

- 1983년 3월 20일, 증인 93명의 인터뷰가 시작되었다. 추기경 1명, 주교 9명, 사제 203명 그리고 평신도 2만 명이 참석했고, 텔레비전을 통해 전국적으로 방송됐다.

10. 조사

- 비오 신부가 보여 준 많은 기적을 면밀하게 조사하기 시작했다.

1987년 5월 23일, 요한 바오로 2세 교황의 산 조반니 로톤도의 방문은 비오 신부의 탄생 100주년 기념을 더욱 빛냈다. 그 시점에 교황의 산 조반니 로톤도 방문과 비오 신부 묘소에서 기도를 드린 교황의 행보는 의미심장한 사건이 아닐 수 없었다. 폴란드 주교회의가 비오 신부의 시성을 청원하면서 바오로 6세 교황에게 보낸 편지를 요약해서 소개한다.

교황에게 보내는 서신

우리 모두 비오 신부님 삶의 성성과 특별한 사명을 잘 알고 있습니다. 우리 주 예수 그리스도의 수난과 복되신 동정녀 마리아에 대한 특별한 신심과 그분의 끝없는 기도, 그리고 덕행으로 충만한 그분의 삶이 바로 그 증거입니다. 또 다른 증거는 그분이 보여 준 고행입니다. 그분의 고행은 희생과 사랑 그 자체입니다. 오늘날, 많은 사람이 진리로부터, 수도 생활로부터, 사도직으로부터 그리고 사제 직무와 품위로부터 빗나가고 있습니다. 이런 시기에 비오 신부님은 우리 시대의 참사제이며 참수도자였습니다. 그분은 혼란한 세상에 빛나는 모범이었습니다.

바티칸 공의회는 수도자들이 "특히 기도와 훌륭한 모범을 촉진하는" 사도직에 열중하는 것과 "영혼들의 선익을 위하여 주교들과 협력"할 것을 요구하고 있습니다. 이러한 내용이 비오 신부님의 삶에는 분명히 나타나고 있습니다. 그는 "기도하는 사람"이었습니다. 그런 의미에서 이 시기 그의 시복 시성을 위한 소송이 제기되는 것은 참으로 적절하다고 생각합니다.

11. 복자 · 성인 선언

모든 조사가 완료된 후에, 교황이 후보자를 시복하고 복자로 선언한다. 만약 소송이 긍정적으로 진행되어 모든 내용이 증명되면 교황은 드디어 후보자를 시성하고 성인이라고 선언한다.

- 교황청은 7년 동안 비오 신부의 시성 조사를 하고 1990년에 하느님의

종으로 선포했다. 비오 신부가 살아 있는 동안 보여 준 많은 기적과 덕행에 대한 철저한 조사 끝에 1997년 요한 바오로 2세 교황은 비오 신부를 가경자로 선언했고, 1999년 시성부의 확인에 따라 복자로 시복했다. 그리고 2002년 6월 16일 비오 신부를 성인품으로 올렸다.